# アマゾンのふしぎな森へようこそ!

## 先住民の声に耳をすませば

メガロン　筆者　ラオーニ

特定非営利活動法人 熱帯森林保護団体 代表
南研子 著

合同出版

# 大自然のテンポに合わせて生きる

# なかまとともに 心地よくくらす

ふしぎな力が宿る
森の中では
感じる力を頼りに

日用品もアクセサリーも
わきあがるエネルギーの
産物！

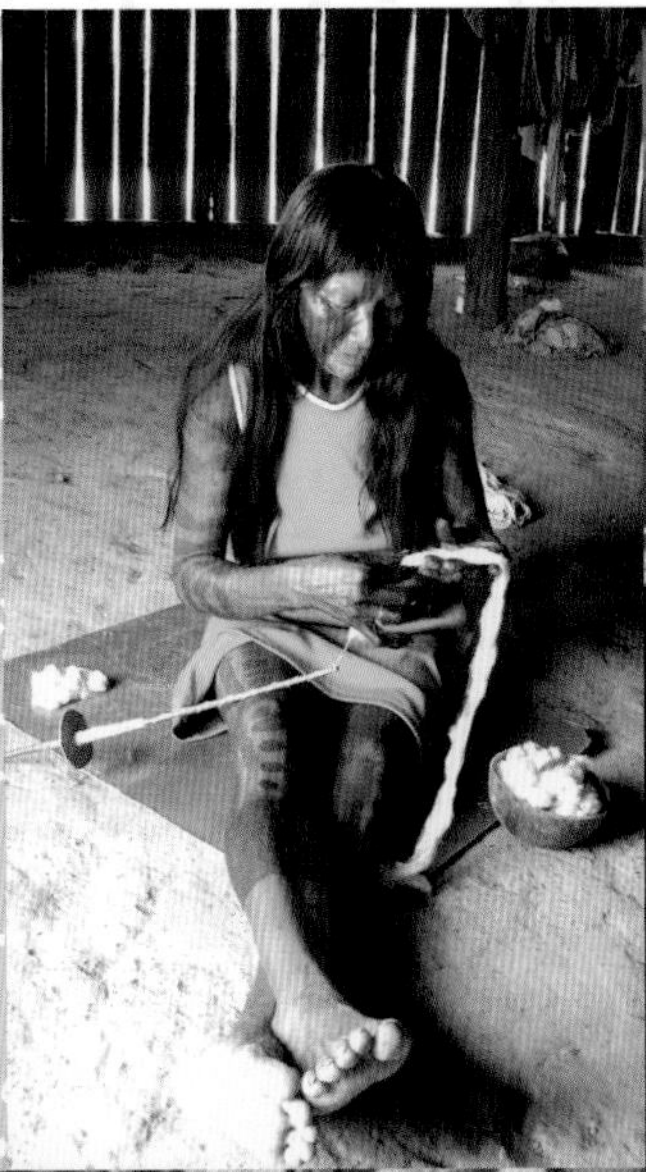

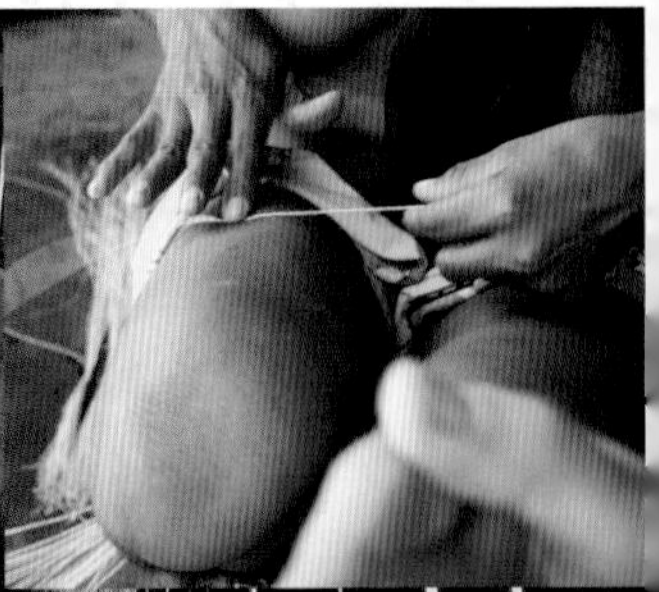

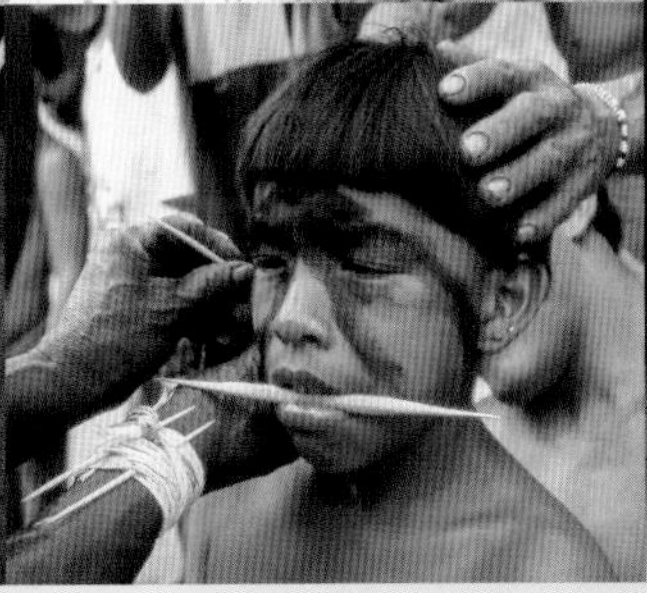

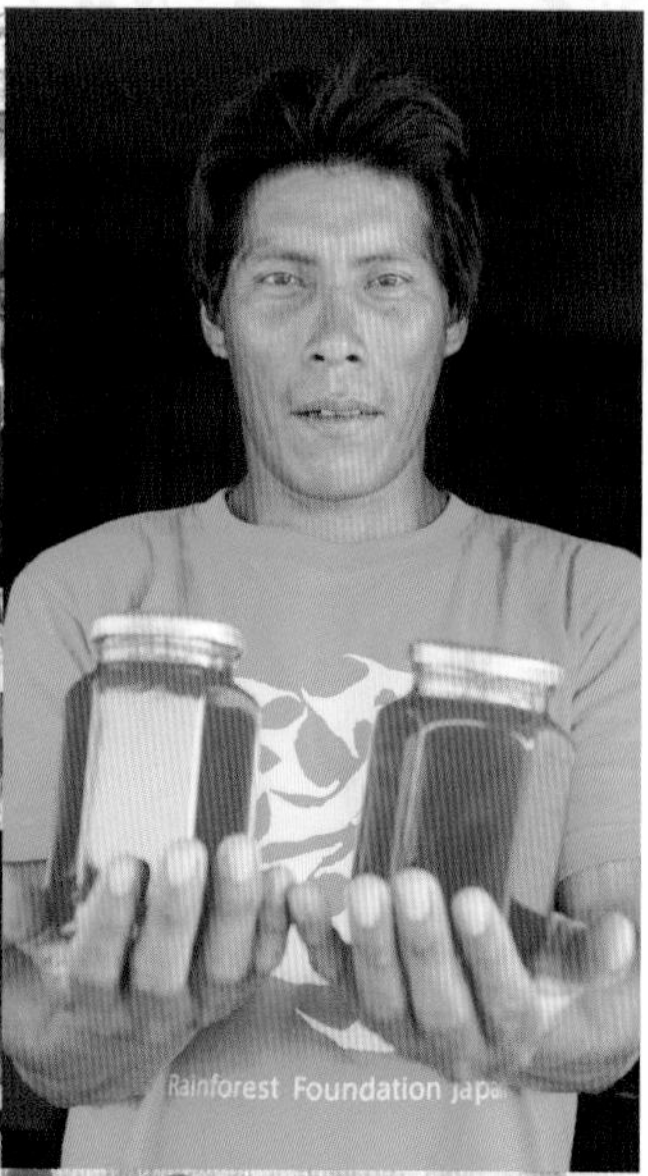
Rainforest Foundation

人びとは自分たちの手で森を守り
伝統のくらしを未来につなぎ続ける

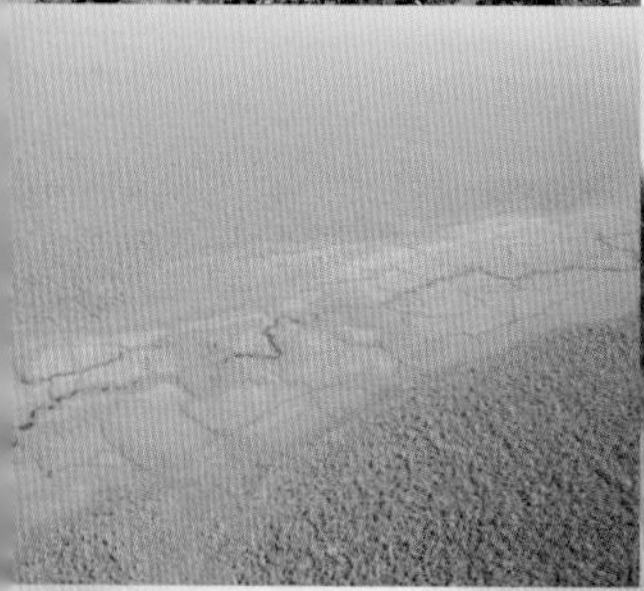

森を壊《こわ》さないで
地球にくらす
すべての命のために

先住民保護区は
ブラジルにあるよ！

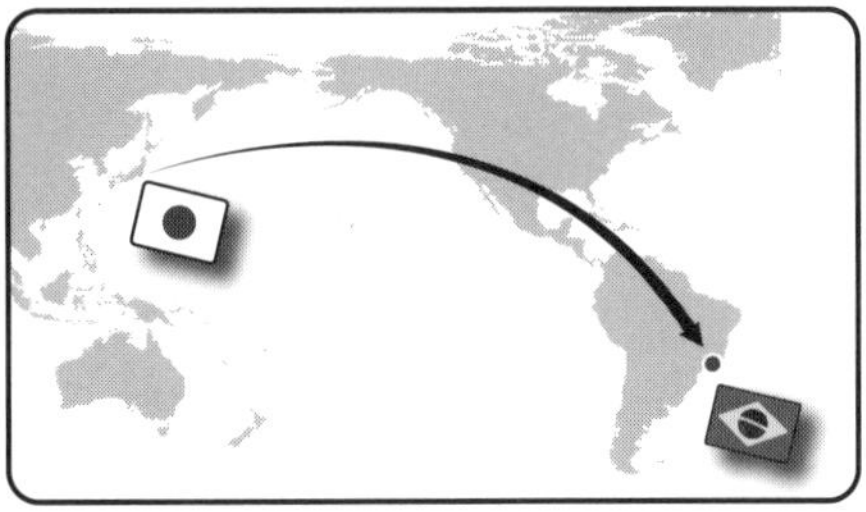

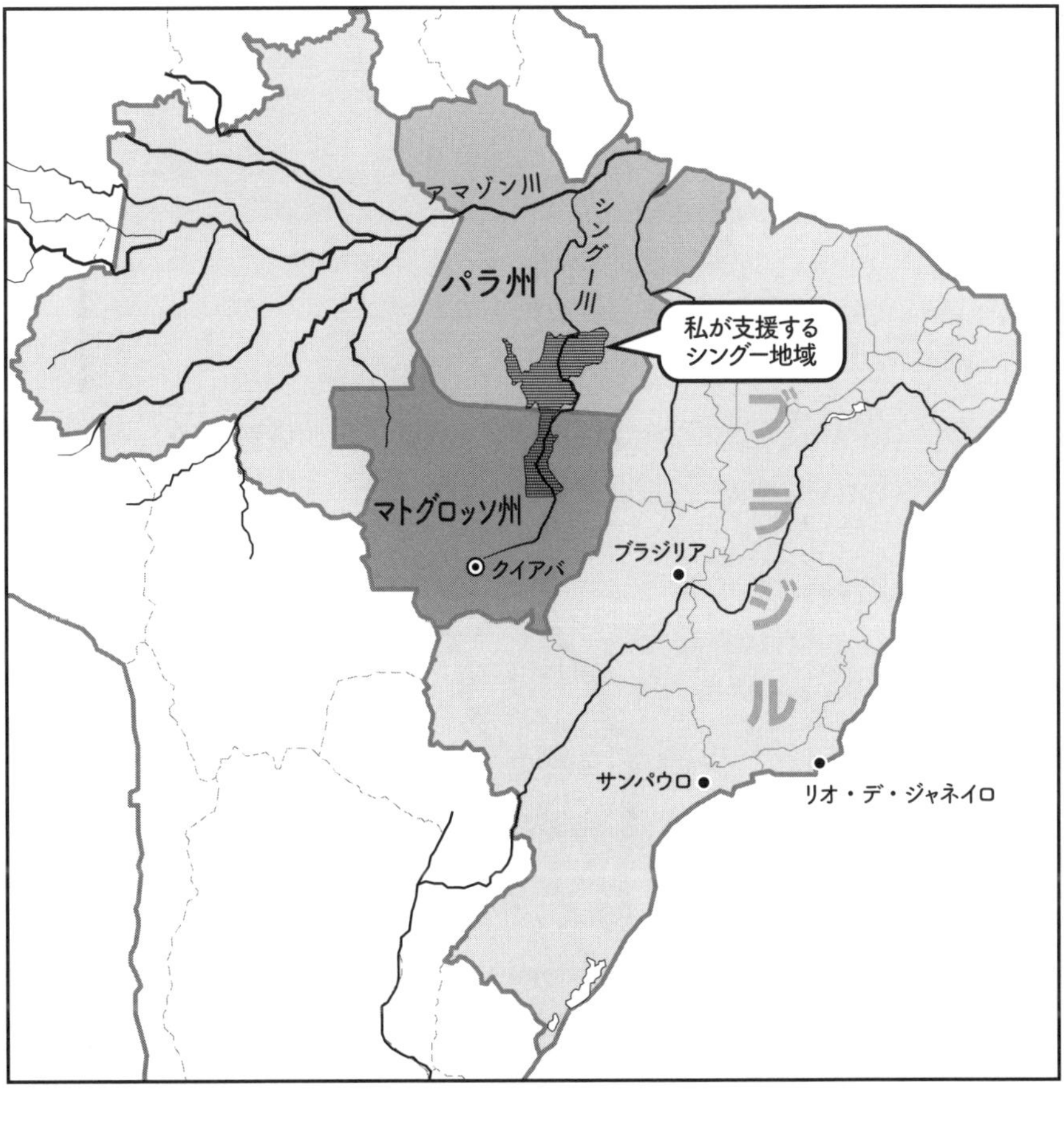

# シングー地域の先住民保護区 MAP

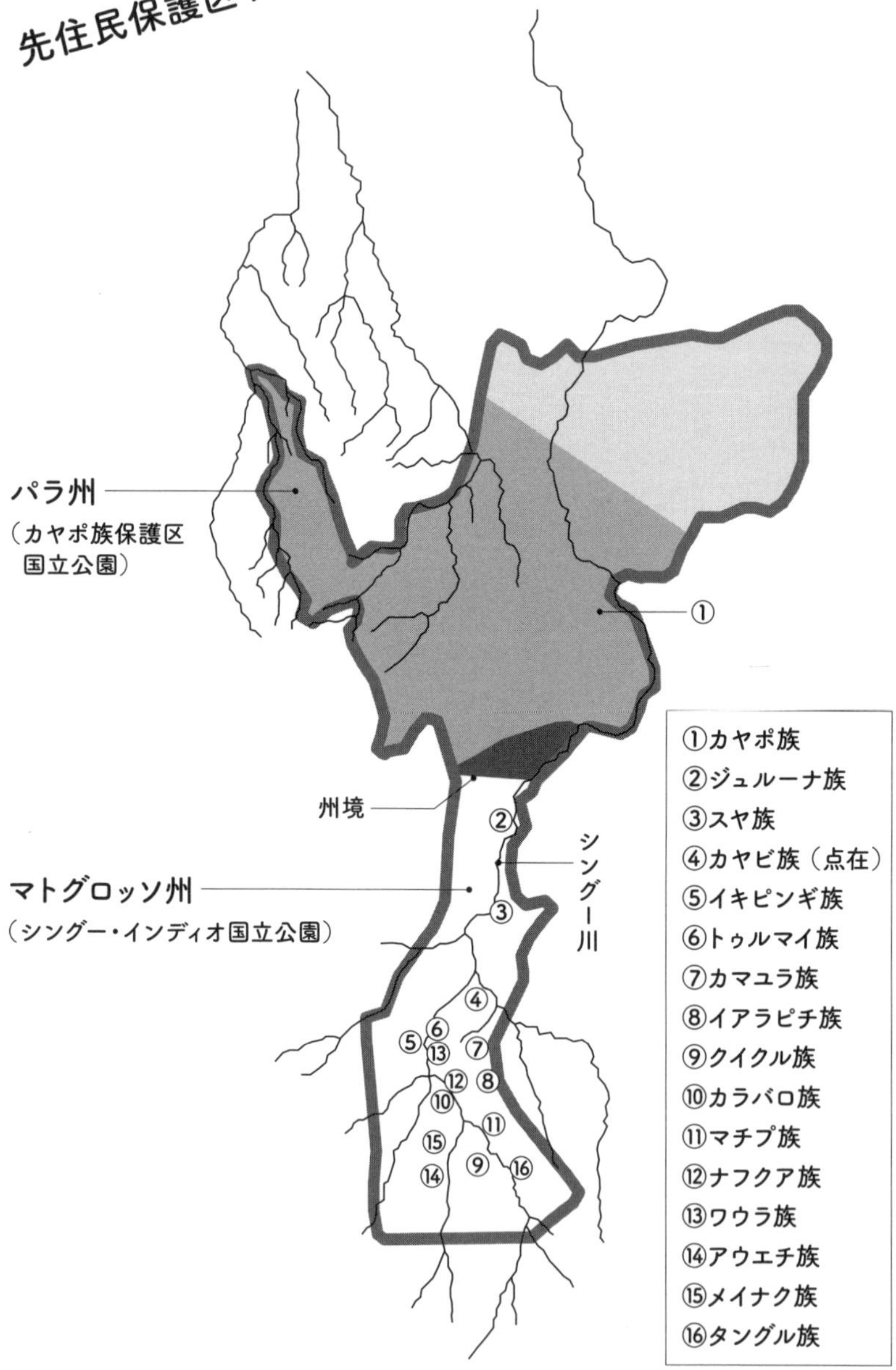

## ◇この本のキーワード

### インディオ

中南米（ラテンアメリカ）の先住民の総称。この本では、アマゾンの森でくらす先住民族の人を意味します。アマゾンの先住民自身も、自分たちを「インディオ」とよび、ブラジル政府も公的に「インディオ」という表現を使います。

### 熱帯林（ジャングル）

熱帯地域の森林。この本では、南米アマゾンの先住民がくらす森のことを意味します。

東南アジアや中央アジアにも熱帯林（ジャングル）は広がっています。近年、開発などにより熱帯林は減少していて、地球規模の課題になっています。

### シングー川

アマゾン川の支流《しりゅう》の一つで、ブラジル北部を流れ、アマゾン川の下流で合流します。本に登場する先住民のくらす保護区を縦断し、川や近くの地域には非常に貴重な自然が保たれ、地球環境においてもだいじな川です。

### シングー地域にくらす先住民

カヤポ族保護区国立公園（シングー川流域先住民保護区群＝パラ州）とシングー・インディオ国立公園（マトグロッソ州）にくらす先住民族。日本の本州と同じくらいの面積とされ、ここでくらす先住民の人口は、現在およそ2万人とされています。1961年、調査に入った人類学者のビラス・ボアス兄弟が現地の固有文化を大切にするという方針をもっていたこともあり、現在まで伝統文化が色濃く継承されています。

#### ◉カヤポ族保護区にくらす先住民

**カヤポ族**

北海道の面積と同じくらいの広大なジャングルにくらしています。各所に海抜300～400メートルほどの丘や渓谷があり、狩猟、漁業、焼畑農業が盛んです。ゴロチレ、シクリン、メベンコクレというサブグループに分かれ、それぞれがコミュニティを作り生活し、現在の人口は約1万5000人です。

← 13ページに続く

**カラパロ族**

〈友好〉をグループのモットーとして、公の場でのけんかを禁止するなど、独特のルールをもっています。

**マチプ族**

おどることを大切にしていて、儀式のときはもちろん、病人の前で病気の精霊を喜ばせるためにおどったりもします。現在の伝統的なマチプ語を話す人はほとんどおらず、クイクル語やカラパロ語を使います。

**ナフクア族**

近隣の先住民との対立や、外の世界からもたらされた感染症によって人口が激減し 150 人ほどになりました。今では、居住区外の町で仕事や買い物をしたり、都市などで工芸品の販売をおこなう人もいます。

**ワウラ族**

土器や織物などの手工芸品作りの技術が高く、三角形、点、円、四角形、線を組み合わせて作られる美しいパターンは世界的に注目されています。

**アウエチ族**

一定の地域内で 15 ～ 30 年ごとにくらしの拠点となる村を移動します。1950 年の調査で人口 23 人となったものの、伝統的な言語、文化を継承し、人口は 200 人弱にまで回復しています。

**メイナク族**

湖水から塩を作ったり、綿の栽培をしています。塩も綿も自分たちで使うだけでなく、シングー川流域のほかの民族との取り引きにも使います。

**タングル族**

シングー・インディオ国立公園の南東部、シングー川の源流に流れこむタングル川の近くでくらしています。

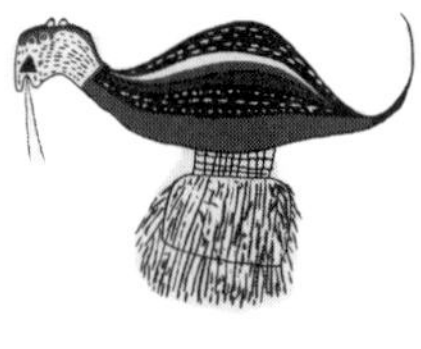

← 14 ページに続く

## ◉シングー川流域にくらす先住民

### ジュルーナ族

シングー・インディオ国立公園の北側でくらしています。ポルトガル人の侵略を受け2000人ほどだった人口が一時50人ほどにまで減少した歴史があります。近年では800人ほどがくらし、水力発電ダムの建設に抵抗し、先住民の権利を求める運動を進めています。

### スヤ族

シングー・インディオ国立公園の東側でくらしています。近くにできたゴム工場から流れてきた排水による深刻な川の汚染や、農場開発のための森林伐採などに抵抗しています。

### カヤビ族

シングー・インディオ国立公園に点在してくらす、比較的大きなグループです。ゴム会社による土地の侵略に抵抗してきた歴史があり、先住民の権利を訴える運動のなかでも重要な役割を担っています。

### イキピンギ族

歴史的には近隣の先住民との戦闘をいとわずくらしを守ってきました。10歳前後の男の子の顔にタトゥーを入れるイニシエーション（通過儀礼）があります。

### トゥルマイ族

シングー・インディオ国立公園の中央付近でくらしています。シングー地域に移り住んできた時期がおそく、シングー川上流域の文化に影響を受けてきました。

### カマユラ族

シングー川上流域でくらし、食生活の中心は、自分たちで栽培したキャッサバやバナナなどの農産物と、川や湖でとった魚です。思春期の男女は長期間にわたって孤独な隔離生活を送るイニシエーションがあります。

### イアラピチ族

シングー川上流域のほかの民族と同じくキャッサバやトウモロコシなどを栽培したり、魚や鳥などをとって生活しています。

### クイクル族

文化的には、近くのカラバロ族、マチブ族、ナフクア族と同じグループ（カリブ語族）とされ、今も伝統的な言語や社会システムをつらぬいて生活しています。

## 長老と族長

長老はその地域で長く生きてたくさんの知恵があり、尊敬されているおじいさん。族長は民族のリーダーを意味します。長老もリーダー的な役割を担いますが、各民族に複数の長老がいます。族長は、その民族にかかわる決定を下すただ１人のリーダーです。ほとんどが世襲で継承されます。

### ◉ラオーニ・メトゥティレ

カヤポ族の長老で、ブラジルのインディオのリーダー的な存在。正式にはカヤポ語で「ロップニー（怒れるヒョウ）」という名前があります。長年先住民族の権利とアマゾンの自然環境の保護をブラジル大統領はじめ世界中に訴え、ノーベル平和賞の候補に２度、名前があがっています。

### ◉メガロン・チュカハマエ

カヤポ族のリーダー。インディオの社会もブラジル社会も経験し、先住民からもブラジル政府からも信頼されています。ラオーニとともに各国をまわりながら、先住民文化を守るために力をそそぎ、著者の活動を多方面で支える１人です。

## 呪術師（じゅじゅつし）

先住民社会で医者の役割を担うほか、祭礼の執りおこないをする人。１つの村に数人の呪術師がいて、世襲によって受け継がれます。さまざまな精霊と対話する力や薬草の知識などが求められ、呪術師になることが約束された子どもは、幼いころからたくさん学びます。

## FUNAI（フナイ）

先住民のことを考えるブラジル政府機関、国立インディオ保護基金（The Fundação Nacional dos Povos Indígenas）。2023年、ルーラ・ダ・シルバ大統領は就任して政権最初の行動として、2023年１月１日付けで先住民省を創設し、先住民女性のソニア・グアジャハラを大臣に任命、FUNAIを先住民省の機関としました。

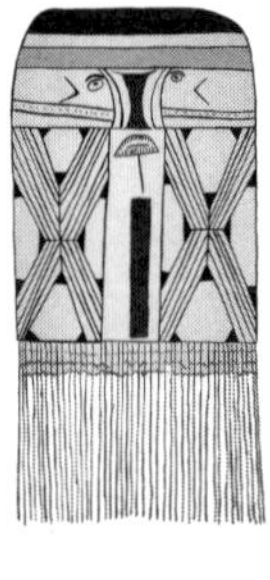

もくじ

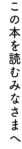

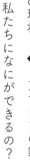

# この本を読むみなさまへ

このお話の舞台《ぶたい》はアマゾンの森の奥《おく》、日本から2万キロ離《はな》れたところ。地球儀《ちきゅうぎ》で見ると日本の真反対、南半球に位置する南米ブラジルを横切るアマゾン川の支流《しりゅう》のシングー川に沿《そ》って広がる「シングー・インディオ国立公園」と、その北に位置する「カヤポ族保護区国立公園」です。この場所は、ブラジル政府の承認《しょうにん》を受けた永久インディオ保護区となっていて、その流域は日本の本州くらいの広さ（18万平方キロ）があります。

ここは北半球にある日本とは、すべてが逆さま。日本が冬ならアマゾンは夏。時差が12時間あるので、日本が正午ならアマゾンは前の晩《ばん》の真夜中の0時です。

ここには16部族、約2万人の先住民が住んでいます。私は、このインディオ保護区にある先住民たちの村に30年以上通い、合わせて2000日以上の時間を先住民とともにすごしてきました。この本で、私が目で見て耳で聞き体験したことを紹介《しょうかい》します。

先住民たちのくらす森、ここはふしぎなところです。地球上にいる生き物の半分以上の種類がこのアマゾンの熱帯林（ジャングル）に生息しているといわれます。氷河期にも、この地には緑のジャングルが残ったので、たくさんの生き物が避難《ひなん》し生きのびることができたからです。

先住民のくらし方も、私たちのくらしとはちがいます。例えば家の中や村の中にトイレがありません。おしっこやウンチがしたいなら、森の中に入って用を足します。森にくらす毒ヘビやヒョウのような猛獣《もうじゅう》たちに襲《おそ》われないよう、用心しながら、手短にしないといけません。

アマゾンの社会では、お金が流通していないので、お店で食べ物や日用品を買うこともないし、そもそもお店やスーパーマーケットがありません。したがって自分たちが食べる物は自分たちで手に入れるために狩《か》りをして、食べ物は村のみんなで分け合い、多くても少なくても公平に分配するのです。また後でくわしく紹介しますが、必ずしも血のつながった「家族」という単位で生活しているわけでもありません。血縁《けつえん》関係がなくても、みんな自分にとって居心地のいい場所を見つけてくらすこともあります。

ふしぎな力で病気を治す呪術師《じゅじゅつし》がいて、生き物や石の声が聞こえるという人もいます。熱帯林の中にはさまざまな精霊《せいれい》が住んでいて、人間社会と交流しています。そこでいろいろなふしぎな体験をすることもあります。

もうひとつ、この本で書きたい大切なことがあります。それはアマゾンの森がけずられ、広大な農地開発がおこなわれたり、インディオ保護区のすぐそばで鉱物採掘場《さいくつじょう》の開発がおこなわれたりしているために、熱帯林とそこに生息している動植物、少数民族の文化が消えつつあることです。これは、日本にくらす私たちのくらしと関係があります。

「ジャングルがなくなればインディオは死ぬ。そしていずれはお前たちの社会も滅《ほろ》びる」

これは、34年前に出会ったカヤポ族の長老ラオーニのことばです。アマゾンのジャングルは熱帯林とよばれ、森林が酸素を作り出しています。そんなアマゾンの森が猛《もう》スピードで消失している状況《じょうきょう》を、今すぐ、地球にくらすすべての人が自分のこととして考え、森を守る具体的な行動を起こさなければいけない。もう時間がないのだという強い警告《けいこく》です。

それでは、私が体験したアマゾン熱帯林の先住民のくらしぶりをゆっくりお話ししていきましょう。

特定非営利活動法人 熱帯森林保護団体 代表
南《みなみ》 研子《けんこ》

第1章

# ブラジル・アマゾンの熱帯林へようこそ

## ◆アマゾンまでの道のり

アマゾンへ行くには、飛行機でアメリカ経由、または中東やヨーロッパの空港で乗り継《つ》いで、ブラジルの大都市サンパウロを目指します。どのルートから行ってもざっと30時間くらいかかります。例えば4月1日午後10時に成田空港を出発すると、ブラジル時間の4月2日午後4時に到着《とうちゃく》。日本時間では4月3日午前4時です。そこからアマゾンに着くのは、さらに3日後くらいです。

サンパウロで国内線飛行機に乗りかえ、首都のブラジリアに行きます。約1時間のフライトでブラジリアに着いたら、ここからあと1500キロ！　日本の本州とほぼ同じ距離《きょり》を陸路で移動し、シングー地域の中央に位置するピアラスへ向かいます。

車で移動する道のりにも、まだまだ難関《なんかん》続き。はじめの1000キロまでは、一応アスファルトの道路ですが、残りの500キロは舗装《ほそう》されていないボコボコの穴だらけの道です。穴を避《よ》けながら進みますから、時速10キロも出せないときもあります。スピードを出すととんでもない量の土ボコリが舞《ま》い上がります。ブラジリアから3日くらいかかってシングー地域の拠点ピアラスに到着し、そこからアルミボートで川を上り下りして、目的地である先住民の村を目指します。

問題はただ距離が遠いだけではありません。最後の穴だらけの500キロには強盗団《ごうとうだん》が待ちぶせていることがあります。車を止められて車ごと奪《うば》われたり、命が取られる事件もしばしば起こるのです。

私《わたし》もこの場所で、怖《こわ》い目にあったことがあります。15年ほど前、24回目のアマゾン訪問《ほうもん》の帰りのことです。道路の両脇《りょうわき》には収穫《しゅうかく》した後の赤茶色の大豆畑が地平線まで広がっていました。そして、道の先に1台のジープが止まっているのが見えました。先に進んで行くとジープから降《お》りてきたサングラスに軍服、ベレー帽《ぼう》の5人の男たちが現れ、車を降りろと命令されました。ボスの1人をのぞいて、4人がライフル銃《じゅう》を構えて、いつでも私たちを撃《う》てる至近《しきん》距離で狙《ねら》っています。

私たちが乗っていた四輪駆動《くどう》のジープは、荷台に置いた荷物がホコリだらけにならないように黒いビニール袋《ぶくろ》をかぶせてありましたが、この荷物に札束が隠してあると思われたのか、やたら質問されたので、自分たちは日本から、先住民の支援《しえん》のためにブラジルに来たことを必死に説明しました。

アマゾンからつながる赤茶けた道の途中《とちゅう》で。連邦警察からライフル銃を向けられた後の１枚。

じつはこの5人組はブラジルの連邦警察官《れんぽうけいさつかん》で、ここから数十キロ先の町で銀行強盗《ごうとう》があり、たまたま強盗団が乗っていた車と私たちの車が同じ種類だったので、疑《うたが》ったのだそうです。

「この道は非常に危険なので、できることなら、ほかの方法を考えた方がいい」

別れ際にボスの警察官から忠告《ちゅうこく》されました。

この一件以降《いこう》、車での移動はなるべくしないようにして、サンパウロから国内線飛行機でブラジル中西部マトグロッソ州のクイアバまで行き、そこからセスナ機を使い、先住民のくらす地域へ入るようにしています。

## ◆30年前、はじめてのアマゾンで

1992年6月3日から14日までリオ・デ・ジャネイロで開かれた「国連地球環境《かんきょう》サミット」（通称《つうしょう》リオ・サミット）に参加するために、はじめてブラジルを訪《おとず》れました。国連が開催《かいさい》したこの会議には、ほぼすべての国連加盟国《かめいこく》の政府代表が参加し、NGOからも約2400人が参加するという国際社会が環境問題に取り組むきっかけになり、その後の環境問題の国際的な指針《ししん》として「環境と開発に関するリオ宣言《せんげん》」が採択《さいたく》されています。

リオ・サミットでは、いまだ解決が難《むずか》しい「気候変動枠《わく》組《ぐみ》条約」と「生物多様性条約」を決めました。簡単《かんたん》にいうと、熱帯林をむやみに壊《こわ》すことは地球の温暖化《おんだんか》を早め、二酸化炭素（$CO_2$）排出《はいしゅつ》問題以上に深刻《しんこく》な状態になって、最後は人類が滅《ほろ》んでしまうので、ちゃんと地球のテンポに合わせた生き方を人間がするために約束を交わしましょうというものです。加えてたくさんの動植物が人間の都合で絶滅《ぜつめつ》しつつあることを確認《かくにん》しあい、そのスピードをゆるめ、解決策《さく》を考えていくという内容です。世界にはたくさんの国があって、これらの決めごとを同じレベルで考え、実行することは難《むずか》しく、だからあの条約ができて

から30年も経《た》っているのに、状況はよくなるどころか、当時より悪くなっています。

リオ・サミットの後に、日本から来た3人の女性スタッフと、ブラジル人の案内役の男性1人とともに、アマゾンの自然を守ることとそこにくらす人たちを支援する目的で、先住民がくらす村にはじめて向かいました。

先住民の村にたどり着いたのは夜、村は漆黒《しっこく》の闇《やみ》の中にありました。そのまま眠《ねむ》りにつき、目覚めた翌朝《よくあさ》の光景は今でも忘《わす》れられません。

村の近くにある川幅《かわはば》が100メートルくらいの中洲《なかす》でワニやカメはのんびり日なたぼっこをし、カピバラの家族が水辺で水浴び。遠くの方には水を飲みに来たヒョウがいて、向こう岸の森には赤や青や黄色の色あざやかなオウムたちが空を舞《ま》っているではありませんか。まるでおとぎの国へ迷いこんだような風景。

地球上でこんな場所があることにおどろき、胸《むね》がワクワクして、わけもなく涙《なみだ》が出て、なにかに「ありがとう!!」ってさけびたい気持ちになりました。

### ◆さまざまな生き物とともにくらす

アマゾン川の支流であるシングー川は、ジャングルの木々が彩《いろど》る緑のじゅうたんの上を大蛇《だいじゃ》がゆっくり移動するようにうねり、７００キロにおよぶその流域が私たちの支援地域です。本流のアマゾン川から流れ出る支流域には、世界の淡水魚《たんすいぎょ》の４分の１にあたる約３０００種の魚たちをはじめ、森、川、湖にたくさんの生き物がいます。

アマゾンに通って30年以上になり、目に見える動物なら、たとえ猛獣《もうじゅう》とばったり出くわしてもそれなりに心構えができているから平気ですが、目に見えないくらい小さな生き物はやっかいです。

まず蚊《か》。

アマゾンの蚊はどちらかというと日本のブヨに似ていて、刺《さ》されると赤い点になり、かゆいのなんの。はじめてアマゾンに入ったときは、２００カ所くらい刺され、かゆくて寝《ね》られないときもありました。アマゾンの環境を壊

上空から見たシングー川。

す物はなるべく持参しませんが、用心のため蚊取り線香を持っていったことがあります。けれど、アマゾンの蚊には、あまり効果がありませんでした。

そして一番イヤな生き物はダニです。

イキピンギ族の村にいたときのことです。この村は、ちょうどシングー・インディオ国立公園の真ん中くらいにあります。マホガニーの苗木《なえぎ》を植林するために滞在《たいざい》中、ふと足の親指のつめと肌《はだ》の境がプクッとはれ、痛《いた》がゆいことに気づき、医者の役目をしている村の呪術師《じゅじゅつし》に診《み》てもらいました。すると若者《わかもの》2人をよび寄せ、私は両脇を2人がかりで抱《かか》えられ、座《すわ》らせられました。なにがはじまるのかな……と思っているやいなや、呪術師は足の親指のつめと皮膚《ひふ》の間を包丁の先のようなとがった刃物《はもの》で突然《とつぜん》ザックリ切ったではありませんか。

おどろきとあまりの痛さに飛び上ろうとしますが、両脇から2人に押《お》さえられて動けません。麻《ま》酔《すい》もしていない状態で、親指からかなりの出血、私は気絶状態。最後に傷口《きずぐち》に薬草が塗《ぬ》られ、その後、数日で治りました。

この痛がゆさの正体は、ビッショ・ド・ペという砂《すな》ダニでした。足首や手首から下に入って、人の体に卵《たまご》を産むという、イヤな奴《やつ》です。人体に産みつける卵の数が半端《はんぱ》なく、何億個もの卵がかえったら大変です。

その後も砂ダニに刺されることはありましたが、もう自分で治します。持参した手芸用の針《はり》を焼き、痛がゆい場所に当ててそっと広げ、掘《ほ》り下げていきます。細い針では役に立たないときは、登山ナイフで皮膚を少しずつカットしていくと、ネコのノミの卵ようなものがポロポロと落ちてきます。その奥《おく》に白い色をした砂ダニが現れます。そいつをピンセットでつまみ出して殺して終了《しゅうりょう》。あのときばかりは、こんなにまでして、なぜアマゾンの森を守る活動を続けているんだろう？　と自分に問いました。

## ◆アマゾン流の動物との接し方

さきほどのダニ事件の起きたイキピンギ族の村にいたとき、5歳《さい》くらいの女の子がヒョ

イキピンギ族の村でヒョウの子どもを抱いてみせてもらった。

ウの赤ちゃんをだっこしていました。どうしたのかと聞くと、森でお母さんとはぐれて迷子になったようで、こんな小さなヒョウが1匹《ぴき》、ジャングルで生きていくにはたくさんの動物に襲《おそ》われる可能性があるので村に連れて来たと言っていました。そして、大きくなるまで育てて、また森へ帰すのだそうです。

私たちの社会は「野生動物保護」となにか特別すごいことをしているようにいっていますが、アマゾンではだれもがごく自然に動物の赤ちゃんを助けていました。

スヤ族の村でも、カピバラの子どもが保護されているのを見ました。やはり家族と離《はな》ればなれになり1匹で途方《とほう》にくれていたといいます。村で育て、自分でエサを取れるようになったら

集落の近くにいたのは、絶滅危惧《ぜつめつきぐ》種《しゅ》に登録されているオウムワシ。

森へもどすと言っていました。

また一方では、生き物の命をいただいて生きるアマゾンの人たちの姿《すがた》があります。

ある日、メイナク族の村の長老から、「森へ行くからいっしょについてこい」と言われ、数人の子どもたちとジャングルの奥へ入っていきました。うっそうと木が茂《しげ》る森の中、ちょっと高い木の上でサルが昼寝《ひるね》をしているのが見えました。

すると長老が、サルをめがけて弓矢を射《う》ち、矢はサルに命中。サルは木から落ち、息も絶え絶え。村へ運び死んだのを確認《かくにん》するや丸ごと焼き、肉を切り分けて、村の人びとの口へと入っていきました。せいぜい2時間くらいのできごとです。

村の人たちは、みんな、森に住んでいるこのサルのことを生きているときから見ていて、お昼寝をしていたサルは、こんどは食料として私たちの空腹《くうふく》を満たし、今は人びとのおなかの中にいるのです。

まさに他者の命をいただいて生きていることを実感するできごとでした。ふだん日本でよく食べられている牛やブタやニワトリにも命があります。野菜にもお米にも命があります。アマゾンでくらす人びとは、だれかに教えてもらわなくても、自分たちが口に入れる生き物の生きているときから殺すまでのプロセスを自分たちでおこない、こうした体験から命の大切さを学んでいきます。

## ◆アマゾンの巨大《きょだい》生物たち

ジャングルの夕焼け。真っ赤な夕日がジャングルの奥へしずむ景色はまるで影絵《かげえ》を見ているような、ファンタジーの世界に足を踏《ふ》み入れたようです。

あるとき、そのあまりの美しさに見とれていると、目の前をハラハラと葉っぱが舞っています。「ジャングルにも落葉樹《らくようじゅ》があるのかなぁ……」と思っていたら、葉っぱがコツンと頭に当たり下へ落ちていきました。

「葉っぱなのに、コツン!?」と思ってよくよく見ると、それはコロッケくらいの大きなゴキブリでした。姿形やテカテカ光る背中《せなか》などは日本のゴキブリと同じですが、数えきれないほどの数のこんなに大きなゴキブリが空中を舞っているのを見てゾッとしました。

夜、真っ暗な熱帯林に座って星空を眺《なが》めていると、すぐそばで生き物の気配を感じ、懐《かい》

私たちの前に現れた
巨大なサソリ。

中電灯《ちゅう》で照らすと、黒っぽいエビのような形をした生き物。よく見るとサソリでした。それも20センチはあろうかという大きさで、光を当てられておどろき、毒針《どくばり》があるしっぽを振《ふ》り上げて、私を威嚇《いかく》していました。手を出したり、踏んずけたら大変なことになるところでした。

30センチくらいの巨大バッタにも会いましたが、バッタの足のつけ根は太く、つり上がった両目はいじわるそうでした。

ブラジル人の冒険家《ぼうけんか》から「アマゾンの生き物はみんな、大きいよ。日本にいる生き物の20倍くらいだから」と言われたことがありましたが、まさにそのとおり！　植物の葉っぱも大きく、樹木《じゅもく》の根本も何メートルもあり、森の中にいると自分が「ふしぎの国のアリス」にでもなったようで、心の中はワクワクして、好奇心《こうきしん》でいっぱいになります。

ジャングルには、このようなけもの道がいくつもあり、森を歩くときの道しるべにもなる。

## ◆ヘビと向き合ったとき

カヤポ族のカポト村にいたときのことです。夕方、水浴びをするために川までの細い道を行きます。森には動物たちが行き来することで小枝などが折られ、下草が踏まれてできた道があり、けもの道とよばれています。

川に通じるけもの道を歩いていると、切り倒《たお》された木が、道をふさいでいました。「だれかが倒したんだろうな。村で使うのかな？」と思って近くまで行ってみると、なんとそれは直径20センチもあろうかという、アナコンダでした。頭とシッポは両脇の森に入っていて、まるで大木がズルッ、ズルッと移動しているようで、巻《ま》きつかれたらヒョウでも丸のみにされてしまいます。アナコンダに襲われて死ぬ人間もいると聞いたことあったので、私は息を止めて大蛇をまたぎ、そそくさと逃《に》げました。

またあるとき、用足しに森へ入り座っていると、すぐ近くにヘビがいました。長さは1メートルくらい、つや消しの薄茶色《うすちゃいろ》で日本のマムシに似ていて、毒ヘビだと直感しました。ヘビはかま首を持ち上げ、しっぽの先を小刻《こきざ》みに震《ふる》わせて威嚇《いかく》しながら、私の様子をうかがっています。ズボンをぬいでいるので、とっさに動けず、必死に祈《いの》るような気持ちで、ヘビに向かって声をかけました。

「私はあやしい者ではありません。このジャングルを守るお手伝いをするために遠い日本から来ました」

そう言うと、なんと！　ヘビはかま首をおろし、森の中へ入っていきました。村へもどって長老ラオーニにこのできごとを話すと、

「ジャララカだね。猛毒《もうどく》で、かまれたら死ぬよ。村でも死んだ人がいるよ！」

と言いました。ハララカアメリカハブともよばれる猛毒のヘビで、治療《ちりょう》すると命は助かることもありますが、ひどい後遺症《こういしょう》に悩《なや》まされることもあります。あのヘビは、たぶん私の言ったことを理解してくれたんだと、今でも思っています。

雨の日の移動は大変！

## ◆自然の脅威《きょうい》に命のピンチ

川をボートで移動していて怖いのは、大雨による増水です。アマゾンの気候は、乾季《かんき》（4月〜9月）と雨季（10月〜3月）の2つに分けられます。雨期は10月から3月の6カ月ですが、日本の梅雨のようにシトシト降る雨ではなく、まるで天空に穴があいて地上に水をあびせられているようなドシャブリの大雨。地響《じひび》きのような音をさせて雨つぶが地面をたたきつけます。こんな雨が連日続くのです。

まだアマゾンに入って間もないころ、30年ほど前のことですが、雨期に川をボートで移動したことがありました。次の村までせいぜい3時間くらい、6メートルほどの小さなアルミボートを使い、雨具を用意してボートに乗りこんだのですが、案の定、稲光《いなびかり》と雷鳴《らいめい》が森の木々を震わせ、はげしい雨がボートを襲いました。

クネクネとしたシングー川の水位が上がりはじめ、あちこちに新しく小さな川ができていて、たちまち川の流れが変わりました。ベテランのインディオの船頭でも、川筋がわからなくなり、出発地点にもどることもできず、同じところをグルグルまわっている状態になってしまいました。

屋根がないボートなので、大きなビニールシートを屋根代わりにすっぽりかぶせていましたが、アマゾンの豪雨には勝てません。しかもボートには穴があいていて、ボートに乗っていた5人が代わるがわるヒョウタンで作ったひしゃくでボートにたまった水をかき出さなければなりませんでした。

すぐ近くの村への移動だったので食料は積んでいませんでしたが、たまたま持っていた干しぶどうが一袋だけありました。この先どうなるか想像もつかなかったので、1人1日5粒《つぶ》ずつ分けると決めました。あげくの果てに燃料のガソリン切れ。

仕方なく、ボートを岸につけてジャングルで夜が明けるのを待つことにしました。森の木にハンモックを吊《つ》って寝る場所を確保しましたが、ヒョウやヘビの餌食《えじき》になるか、滝《たき》のような雨に打たれて風邪《かぜ》をひき、肺炎《はいえん》で死ぬかもしれません。

暗闇の中でハンモックに横になり、持っていたテープレコーダーにこの状況《じょうきょう》を録音しました。最期のメッセージになるかもと、家族や友だちに別れを告げたのです。

私たちが救助されたのは、遭難《そうなん》してから3日後でした。遠くの方でボートのエンジン音がして目が覚めました。あまりに私たちの到着がおそいので、この地域の人たちが捜索《そうさく》してくれていたのです。それまでは毎夜大雨だったのですが、なんとこの野宿した一晩《ひとばん》だけ奇跡的《きせきてき》に雨がふらず、野生動物にも食べられることなく、生きて助け出されたのです。

救出された前夜、眠りに落ちる直前、半年前に死んでしまった友人が目の前に現れ「だいじょうぶだよ！」と笑って言ってくれるというふしぎな体験をしました。たった15粒の干しぶどうで空腹、体力も精神力もギリギリだったので、幻覚《げんかく》だったのかもしれませんが亡《な》くなった友人が、最後の瞬間《しゅんかん》に勇気づけて助けてくれたと信じています。

## ◆歌手スティングのワールドツアー

そもそも私とアマゾンの関係がはじまったのは、リオ・サミットに参加しアマゾンを訪問したときから、さかのぼること3年前のことでした。

1989年、スティング（左から2人目）とともに来日したラオーニ（左から3人目）。この出会いが、筆者をアマゾンへと誘《いざな》った。

1989年5月、世界的に有名な歌手スティングが、「アマゾンを守ろう」というスローガンを掲《かか》げ、16カ国をまわるワールドツアーで来日しました。アメリカ人の友人から、日本滞在《たいざい》中の一行の手伝いをしてくれないかと頼《たの》まれたからです。

来日したのは長老ラオーニなど3人の先住民を含《ふく》めて7人で、ラオーニは当時60歳をすぎ、カヤポ族の偉大《いだい》なる長老であり呪術師でした。身長は180センチ近くあり、カヤポ族のリーダーを表す伝統的な風習のために下くちびるに木皿を入れていてとても目立ちます。性格は明るく、だれでも受け入れる心の広い人でした。

ラオーニは、スティングとともに各国の大統領や政府関係者などと面会し、どの場所でも同じメッセージを伝えました。

「アマゾンの森はこの地球の空気である酸素を作っている。その森がどんどん壊されている。ダムや大豆畑や牧場や地下に埋《う》まっている鉱物を掘り出すために森がなくなっている。目先の便利さばかりを考え、子どもたちの未来より今の欲《よく》だけを追い続けているお前たちは目を覚まさなければならない。そうしないと、あと数十年で地球に住めなくなる。酸素がなくなれば人間はあっという間に死ぬ。森を残すことの大切さを話すためにたくさんの国へ行き、このことを伝えている。どうか私に力を貸してくれないか。これは私たちインディオだけの問題でなく、全世界が考えなくてはいけないことなのだ」

一週間の日本滞在のボランティアを終え、次の訪問地オーストラリアへ出発するラオーニと目を合わせて手をにぎったとき、ふしぎなことですが、一瞬、まだ行ったこともないアマゾンの風やヒョウの鳴き声を感じました。この体験があったので、私はアマゾンの森と先住民の文化を守ることをこれからの人生のライフワークとすることに決めました。

# 第2章

# アマゾンの人びと、アマゾンのくらし

## ◆アマゾンでの一日

アマゾンの一日は、自然のテンポに合わせて、太陽がのぼる前、少しずつ世界が明るくなるころからはじまります。女の人が起きて畑に行き、マンジョーカ芋《いも》（キャッサバ）を掘《ほ》り出し、村まで運びます。

マンジョーカ芋はアマゾンの森でくらす先住民たちの主食です。洗《あら》った芋をすりながら3時間ほど水にさらして毒をぬき、ブロック状にして数日おいた物を、大きな素焼きの丸い土器で焼いた物をベイジュとよび、彼《かれ》らの主食になります。

できたてのベイジュはやわらかく、京都のお菓子《かし》の生ハツ橋みたいに酸味もあり、時間がたつとパリパリのせんべいみたいになり、そこに魚や動物の肉を焼いたり煮《に》

右ページは、畑でとれたマンジョーカ芋を村に運んでくる女性たち。右写真のように、皮をむき食事の準備をする。

たりした物をはさんで食べます。

また焼畑農業でトウモロコシなどを栽培《さいばい》する部族や採集を活発におこなう部族もあります。ふだんから魚をよく食べるけれど出産時や病気を患《わずら》ったときなどは、両親や兄弟とともに長期にわたって魚食をやめるナフクア族やカマユラ族など、食の伝統もさまざまです。

1日3食なんて決まりはなく、おなかが空いたときにそれぞれが好きなだけ食べます。家族がそろって食事をすることもあまりありません。食べ物を持ち寄って、親子で食事をする人もいるし、友だちとガヤガヤにぎやかに食べている人も、一人静かに食べる人もいます。それぞれが自分の好きなやり方で食事をします。

どこの集落も家の中には台所がなく、柱と屋根だけの簡単な小屋を共同の調理場としてみんなで使っています。女の子は小さいときから、お母さんやお姉さんの仕事を見ているので、調理の手伝いをします。

私《わたし》はアマゾンを訪問《ほうもん》すると、毎回、数カ所の村に滞在《たいざい》します。この地域《ちいき》はホテ

右写真のようにすりつぶしたマンジョーカ芋で、左写真のように生地を作り、
クレープ状に広げて焼いたのがベイジュ。

ルがないので、村のリーダーの家に泊《と》めてもらうことがほとんどです。イアラピチ族の村にいたときです。

私は一番の寝《ね》ぼうで、この家のお母さんのマイツァが「ケンコ、マンジョーカ芋を焼いたよ。ハチミツはここで、コーヒーもあるから」とよく世話をしてくれます。焼き立てホカホカのマンジョーカのクレープに、自家製のハチミツをつけて食べます。香ばしく焼かれたクレープと甘《あま》いハチミツ、コーヒーがそろう朝ごはんは、なんともいえない幸せな時間です。

朝ごはんが済《す》むと、男の人たちはその日次第で狩《か》りや魚釣《つ》りに行き、食料を確保します。冷《れい》蔵庫《ぞうこ》はないので、捕《と》ったらすぐに食べるし、捕れなかった日はみんな空腹《くうふく》をがまんします。

魚を捕る様子。かごのようなものは魚を捕るためのしかけで、広がっている方から入った魚は、もう逃げられない。

子どもたちは村の学校へ行き、集落が急に静かになり、食事を終えた私はハンモックにゆられて、家の高い天井を見ながら日本では体験できない静かな心が落ち着く時間をすごします。ここに遊びに来たわけではありませんが、同じ空間、時間、できごとを村の人たちとともにすることで、たくさんのことを学び、どんな支援《しえん》をしたらいいかを真剣《しんけん》に考えます。

アマゾンの一日の気候は、まるで日本の四季のように目まぐるしく変わり、朝が春、昼が夏、夕方が秋、夜が冬のようです。正午から2時間くらい、気温は50℃近くにまで上がるので、肺《はい》に入る空気も熱く、息をするのがつらいほどです。この時間帯はみんなハンモックの中ですごします。お昼前には、子どもたちも帰ってきて、朝と夕方近く、気温が40℃くらいに下がるとみんな行動を開始します。

夕方、蚊《か》や毒虫が出る前は水浴びの時間で、村の人たちは川に行きます。

## ◆音を立てて沈《しず》む太陽

きっとみなさんが気づいていない地球のひみつをお伝えしましょう。

夕日は音を立てて沈むのです。私はそれを体験しました。

ハンモックで休んでいるときでした。遠くから「ゴー!!」というかすかな音が聞こえてきました。滝《たき》の音かと思いましたが、水のような湿《しめ》った音ではなく、乾《かわ》いた音に聞こえました。なんだろう？ とハンモックからおりて外に出て、あたりを見渡《みわた》すと、真っ赤な大きな太陽が森に沈んでいく景色が目に飛びこんできました。太陽が沈んでいく音を生まれてはじめて聞き、この夕日を前に感動のあまり涙《なみだ》があふれ出ました。太陽のエネルギーは強く、私の体は夕日に引っ張られるようで、なにかにつかまっていないと、太陽といっしょに森へもっていかれるようでした。

余談ですが、どんな自然現象にも、本当は音があるんじゃないかなと思います。花が咲《さ》くときも空気はゆれるのですから、なにかしら音がするかもしれません。都会にもたくさんの自然の音があるのに、テレビやスマホなどを通した電子音に囲まれて生活しているうちに、本来備わっていた自然の音を感知する能力が麻痺《まひ》してしまったのではないでしょうか。アマゾンで生活していると、五感がよび覚まされ、音、匂《にお》い、光、肌《はだ》を通した感覚などが敏感《びんかん》になります。

日が完全に沈むと、村は真っ暗になり、家の中のすみずみに小さなたき火を起こし、気温が下がってくることに備えます。私たちの社会では、外気をシャットアウトした室内を暑いときは涼《すず》しく、寒いときは暖《あたた》かく、人間の都合で環境《かんきょう》を整え、快適に生きようとします。便利な物を手にしてしまうと、人間はなかなかそれを失いたくありません。でも便利さのために、だいじなものを失っているかもしれません。

## ◆お墓が真ん中にあるドーナツの形をした村

アマゾン川の支流であるシングー川上流にくらしている部族は、次ページの写真のように円状に家を建てます。例えばカマユラ族のカマユラ村には、20軒《けん》ほどの家があり、1つの家に15人くらいがくらしています。

シングー川流域《りゅういき》の部族は（すべてではありませんが）、結婚《けっこん》した男性は女性の家に同居

上空から見た村の様子。円形の村の真ん中に「男の家」があるのがわかる。

する風習があります。女性が多い家ではそれだけ人数が増えるわけです。結婚と同時に2人でくらすのではなく、例えば4人姉妹のいる家には、男性が4人同居していて、両親をあわせると大人だけで10人、それぞれに子どもが生まれるとたちまち大家族になります。

家の中は区切らず1つの大きな空間で小さな体育館ほどの広さがあり、外観は映画《えいが》「風の谷のナウシカ」に出てくる王蟲《オーム》にそっくりです。木や竹で骨組《ほねぐ》みされ、外側はイネ科の植物サッペで覆《おお》われています。家造りやサッペのふきかえなど家の修理は、村の男の人がみんなで手伝います。

入口は表と裏《うら》に1つずつあり、家の全長は20メートル以上あります。シングー川流域の熱帯林の気温は昼は50℃くらいになり、夜は10℃くらいに下がります。家の特徴《とくちょう》は天井が涼しく、夜は数カ所で小さな火を燃やして、寒さをしのぎます。

上写真はシングー川流域の一般的な家。家の中は左写真のようになっている。

家の中にはトイレがありませんから、みんな村の周囲で用を足しています。それぞれが、自分の用足し場を決めているようです。

また村の真ん中の空間には「男の家」という集会所のような小屋があり、その前にはお墓があります。なぜお墓が村の真ん中にあるかというと、村人が死んだら「たましい」となって村を守るとみんなが信じているからです。死んだ人は火葬《かそう》ではなく、そのまま埋《う》める土葬が今でも続いています。

調理場での一コマ。写っているのはトゥクナレという魚でスズキに似ていてとてもおいしい！

## ◆アマゾンの女性の役割《やくわり》

部族にはそれぞれの伝統がありますが、ほとんどの村で男の人と女の人の役割分業がはっきりしています。年齢《ねんれい》によって異《こと》なりますが、女の人の仕事はおもに出産と赤ちゃんの世話、また、畑へ行って作物を収穫《しゅうかく》し、収穫物や男の人のとってきた食料を家族のために調理したり、またアクセサリーや工芸品を作るのも女の人たちです。

これに加えてだいじな作業が水運びです。川や水場までの距離《きょり》が数キロあるという集落もあり、往復で2時間以上の仕事になる場合もあります。大きな素焼きのカメを頭に乗せ、水がこぼれないように葉っぱをフタがわりにして運びます。赤ちゃんがいる女の人は、

左写真は、川で洗い物をする女性。右写真は、焼いたマンジョーカ芋を置くためのすだれを作っている。完成品は95ページ（右下写真）。

赤ちゃんをだっこして水くみに行きます。家に新鮮《しんせん》な水がないと人は生きていけないので、これがほぼ毎日の仕事です。

水くみといえば、こんなことがありました。ブラジル政府からメイナク族の村に対して井戸を掘るためのお金を出してほしいと頼《たの》まれました。川まで約2キロ、大人の足でも往復1時間以上かかるので、毎日の水くみの時間と労力はさぞや大変な仕事だと思い村の人たちに井戸を掘ることに賛成かどうか聞くと、女の人たちは「井戸はいらない。水くみの途中《とちゅう》、ダンナさんや子どもたちの話を、おしゃべりしながら行く時間が好きだ」と言いました。

私たちはなんでも便利で早くすることがいいことのように考えがちですが、不便で無駄《むだ》のように見えることの中に、結構大切なことがあるのかもしれないと思いました。時計を使わず太陽の動きで一日を考える人たちのくらしには、私たちが、どこかに置き忘《わす》れてきてしまったような、物事の本質みたいな宝物がまだあるように感じます。

## ◆子どもを産み育てる

女の人は一生のうちに、4～5人くらい子どもを産みます。初産は15～19歳《さい》ごろが多く、出産数はもっと少ない人も多い人も、子どもを産めない体の人もいます。出産は、ふつうは自分の家でおこなわれます。自分の母親や姉妹、親せきや村の女性たちのサポートを受けて出産します。また理由はわかりませんが、部族によっては女の人が手伝うのではなく、父親や兄弟など男の人だけが出産に立ち会い、手伝うところもあります。

障害《しょうがい》があって生まれた子どもは、村人全員で助け合って育てます。しかし、ある部族では双子が生まれると、両方とも殺してしまうと聞きました。その訳《わけ》は、1人は聖《せい》なる者、もう1人は魔《ま》なる者とされ、生まれてきたときに区別がつかないからだそうです。

授乳期《じゅにゅうき》までは母親が子どもの面倒《めんどう》をみますが、しばらくすると、子どもは自分の居心地のいい場所でくらします。実の親のもとで生活することもあれば、親せきの家や友だちの家で家族同然の生活をすることもあるようです。子どもたちを村全体が受け入れるかたちが、自然とできているというふうにも映《うつ》り、私たちの社会より、選択肢《せんたくし》の数も多く自由で生きやすさを感じました。

そもそも結婚による夫婦という関係や考え方は、私たちの社会とはちがい、もっとおおらかで、個人を尊重《そんちょう》しているようで、その理由は、厳《きび》しい自然環境《かんきょう》の中でいかに一人ひとりが、気持ちよく生活していくかを考えた結果だと思いました。

## ◆アマゾンの男の仕事

女の人に比べると、男性の決まった仕事というものは、そんなに多くはありません。さきほど紹介《しょうかい》した「男の家」という村の真ん中にある小屋に男の人が集まって村じゅうのトラブルや問題の解決に向けた相談をおこないます。ここでは族長と長老たちの存在《そんざい》が大きいのですが、時間を決めずに、大切なことがらはみんなが納得《なっとく》のいくまでとことん話し合って解決します。朝からはじまった話し合いがおわるころ、星空になっていることも

男の家での会議の様子。

しばしばあります。

また、アウエチ族、メイナク族、クイクル族などでは、村に伝わる神聖《しんせい》な笛「ジャクイ」を保管し、演奏《えんそう》すること、笛をふくのも男性の役割とされています。なぜだかわかりませんが、女性は家の中で笛の音を聞くことはできますが、ふいている人の姿を見ることは禁止されています。

カヤポ族の伝統的な「チンボー漁」という漁業も男の人の仕事です。チンボーという木には、魚がしびれる成分が含《ふく》まれていて、この木の枝を川の中で打ち叩《たた》いて、気絶した魚をつかみとる漁法です。このほか男性は狩《か》り、祭りの準備、日用品や家の修理などの仕事をおこないます。

チンボー漁の様子。

## ◆村への入村のあいさつ

たいていどこの部族でも、はじめて村を訪《おとず》れるときは、「男の家」で、村に来た理由を村人たちに話せと言われます。なんとなく遊びに来たなんてのはダメ。それなりの理由がなくては、村に滞在《たいざい》できません。例えば、森を守るための事業を応援《おうえん》するために来たとか、先住民の人たちからの強い支援《しえん》の要望があったとか、具体的な理由がないと村に入ることを許されません。

「男の家」でその理由を話せというわけです。参加者全員の了解《りょうかい》が得られたら、村に滞在することができ、村の中を歩くことが許されます。

部族の言葉を話せなくても、村には数人、ブラジル社会の公用語であるポルトガル語を話せる人がいるので、ポルトガル語で話し、部族の言葉に通訳《つうやく》する人の助けを借ります。

しかし、カヤポ族のメベンコクレ村を訪れたときです。「男の家」に行くと、100人近い人（当時はすべて裸《はだか》の男の人！）が集まっていました。真ん中に立たされ、いつものようにポルトガル語を介《かい》して、村の言葉に訳してもらおうとしたら、長老が言いました。

「お前の国の言葉で話せ。大きな声で話せ！」

日本語がわかる人なんていないのに、みんな真剣《しんけん》な顔で私を見ています。私の日本語が村人に通じるわけがありません。この村の子どもたちに寺子屋風の学校を作って、教育支援の活動を長老に頼まれたので、そのために来たことを精いっぱいの誠意《せいい》をこめて、大きな声で説明しました。100人近くの裸の男たちに話しかけていると、私の言葉は、わかるはずのない男の人たちの間をくぐって、私に返ってくるので、とても緊張《きんちょう》しました。

話し終わったときには汗《あせ》びっしょり。立っていられないくらい、ひざがガクガク、頭がクラクラしました。

長老が言いました。

「お前の言葉をみんなは理解したと思う。言葉には波長がある、正直な声の波、ずるい声の波、うれしい声の波、希望に満ちた声の波。それは言葉がちがってても声の波とでもいうか、そういう意味でお前の言っていることがわかり、村人たちはみんな喜んだ。そして大きな声で話すことはうそが言えない」

たしかに、悪口とかうそとかを話すときはヒソヒソ声になります。たとえ言葉が通じなくても、自分の言葉に責任をもたなくてはならないことを痛感《つうかん》しました。

## ◆呪術師《じゅじゅつし》の活躍《かつやく》

先住民の村には、みなさんの考えるような病院も、お医者さんや薬局もありません。アマゾンの先住民の村で、お医者さんの役割をするのは呪術師です。だいたい村に2人ほどいて、おじいさんがほとんどですが、おばあさんの場合もあります。

呪術師の家系《かけい》があって、代々、役目をつなげています。世襲制《せしゅうせい》というわけです。呪術師になるにはいろいろ覚えなくてはいけないことがあって、修行は子どものころからはじまるところもあります。呪術師の家の子どもは、ほかの子どもたちが遊んでいる時間、父親たちから知識や技術を学ばなければなりません。メイナク族の6歳のカヌキは呪術師の

ピラニアの歯を並べた道具を使い、悪い血を抜くという治療をおこなう呪術師（カマユラ族）。

家系で、やがて呪術師になる将来《しょうらい》が決まっていますが、ほかの子どもたちといっしょに遊べないことがちょっとかわいそうに見えたので、「つらくない？」と聞くと「ぼくがこの村の人たちが病気になったら、治すんだ」とほこらしげに言っていました。

あるとき、メイナク族の呪術師ムナイン（当時50歳）が「病人を治療《ちりょう》するからついてくるか」と言われ、ついていきました。ハンモックに横たわっている青年はしきりにおなかの痛《いた》みを訴《うった》えていました。おでこに汗をかき、体をエビのように丸くしてウンウンとうなっていました。ムナインはしばらく患者《かんじゃ》に話しかけていましたが、なんの治療もしないで帰ろうとしました。

「あんなに苦しんでいるのに、なんの治療もしないなんて、ひどい!!」と非難《ひなん》すると、「だいじょうぶ、ちゃんと病気の精《せい》霊《れい》と話したから」とびっくりするような返事が返ってきました。なにがなんだかチンプンカンプン。腹を立ててくわしく説明してほしいと言うと、ムナインは青年の体に入った精霊に「どのくらいの滞在ですか?」というようなことを聞いていたといいます。

ムナインが言うには、「この世に病気は存在しないんだよ。おなかや頭が痛かったり症状《じょう》が出たとき、その症状の精霊が病気の国からその人間の肉体に入ってくるんだ。だから最初にその精霊と会話することがだいじなんだ」。

病気の精霊が体に入ったことが体の症状の原因で、精霊はかならずまた病気の国へ帰っていくので、それと同時に症状が消えるようです。ですから「病気は存在しない」と言うのです。

翌日《よくじつ》、またムナインといっしょに青年のところへ行くと、彼《かれ》はヘトヘトに疲《つか》れ果てていました。それから数日、ムナインは薬草を与《あた》え、青年は元気になりました。彼は、病気の精霊が自分の体に入っていたことをわかっていたと話してくれました。

精霊については、第3章でくわしく紹介しますが、熱帯林の中には数え切れないほどの精霊が住んでいると人びとは信じています。おそらく私たちの目には見えないもので、ふしぎなエネルギーのようなものなのでしょう。

## ◆毛がフサフサ生えてくる薬草⁉

私たちが使っている医薬品の4分の1はアマゾンの熱帯林に自生している薬草を原料にしているといいます。しかし、アマゾンの植物は、まだくわしく調査をされていない部分も多くあります。どの薬草をどう使うのか、煎《せん》じるのか、生なのか、どんな薬草を投与《とうよ》すると、病気の精霊が病気の世界に帰っていくのかを正確に察知できることや、しっかり病気の精霊と向き合い、礼をつくすことができるかが、すぐれた呪術師の証です。

カヤポ族の長老で呪術師でもあるラオーニに「なぜ、ここには白髪《しらが》の人もハゲてる人もいないの？」と聞いたことがあります。するとラオーニは「お前たちは頭を洗《あら》うときに、変な液体（シャンプー）を使うだろう。だから髪《かみ》が白くなったり、ぬけたりするんだよ」と言って、森に入って行ってつる状の植物を採ってきました。その薬草をちょこっと水につけると、この植物からブクブクとあわが出て石けんのようになりました。

「このあわで3カ月くらい洗ったら、毛はフサフサ生えてくるよ。まぁ、白髪はすごく年寄りになると出てくることもあるよ」

発毛作用のあるこの薬草を日本で売ったら大金持ちになるだろうなあ……、今は治せない病気に効く薬草を発見したら……、欲《よく》が頭をよぎります。でも、植物を部族外に持ち出すことは厳禁《げんきん》、犯罪になるので持ってきませんでした。

## ◆植物と話ができる呪術師

カマユラ族の族長だったタクマは、偉大《いだい》な呪術師でもありました。タクマには6000種もの薬草の知識があり、病状によって的確に薬草を使い分け、治療にあたっていました。10年ほど前のことです。ジャングルの村にセスナ機が到着《とうちゃく》し、18歳くらいの白人の青年が数人に抱《かか》えられておりてきました。アメリカからやってきたこの青年は、生まれつき自力で歩くことができませんでした。父親は大金持ちで、息子を歩けるようにするためにあらゆる医師の診察《しんさつ》を受けましたが、アメリカではどんな治療も効き目は出なかったので、知人から噂《うわさ》を聞いて、わらにもすがる思いでタクマのところに来たというわけです。

私はタクマに「断って青年をアメリカに帰した方がいいよ。治るわけないもん」と忠告《ちゅうこく》すると、タクマはほほえんで「だいじょうぶ。まあ見ていなさい」と自信たっぷりに言い

左がタクマ。10年ほど前になくなってしまったが、自分の死後もカマユラ族が繁栄することを心から願っていた。

切りました。アメリカの最先端《さいせんたん》の医療《いりょう》でどうにもできなかったことが、いくらアマゾンの薬草が効くことがあったからといっても、さすがのタクマでも無理だと感じたからです。

でもなんと3週間後、タクマの治療を受けた青年は、生まれてはじめて自分の足で立ち、つえを使いながらも、歩けるようになりました。タクマの治療がどのような内容だったかは、治療の場に入ることを禁じられたのでわかりませんが、アマゾンの呪術師のすごさを目のあたりにしました。

私はタクマに「どうして呪術師になったの？」と聞いたことがありました。タ

カポト村の呪術師マンティイ。

クマは自分の父親も偉大なる呪術師だったので、その後を継《つ》いで呪術師になったと言いました。また「呪術で治すのは大変なの？」と聞くと、「そんなに難しくないよ。病人の気持ちになってどうやって治そうかと考えながら森の深くに入って心静かに座《すわ》るんだ。そうしたら植物の方から私を使いなさいと語ってくれるんだよ」と言いました。

なるほど植物と話ができるんだ。私も深い森に入り、心静かに草花の声が聞こえるかを試しましたが、残念ながら薬草となる植物は応えてくれませんでした。

カヤポ族のカポト村でおじいさんの呪術師マンティイとくらしているベップトック（13歳）は、「むかしは病気になったらおじいさんが薬草と呪術で治していたけど、おじいさんのやり方では治らない新しい病気が増えてきちゃった。白人が持ちこんだ病気と抗生《こうせい》物質という薬のせいだ」と言うのです。

かってキリスト教の宣教師《せんきょうし》が村にやって来て、呪術師に代わって病気を治す医師として育てようとしたことがありました。呪術師になるために勉強中の若者《わかもの》に、宣教師はキリスト教を教え、キリスト教の信者となったその若者は村人からは相手にされなくなったというエピソードも聞いたことがあります。

## ◆新型コロナウイルス感染症《かんせんしょう》を乗りこえる

２０２０年から起こった新型コロナのパンデミック（世界的大流行）で、ブラジルはアメリカ、インドに次いで感染拡大《かくだい》がひどかった国になりました。先住民の中にも、新型コロナと思われる症状がみられる人が出ました。先住民保護区内への侵入者《しんにゅうしゃ》や、森の外の社会に出かけた者からウイルスが持ちこまれたのではないかと思います。

過去にも、インフルエンザや麻《ま》しん（はしか）などのウイルス性の感染症が、白人や外部の社会から持ちこまれ、感染が広がった村で大きな人口減が起きたこともありました。しかし今回の新型コロナでは、症状に対して薬草を処方し、心配されたほどの被害《ひがい》はなかったと聞いています。もしかしたら、新型コロナの特効薬がアマゾンの薬草から見つかるかもしれません。

コロナ禍《か》にあった3年間、日本では徹底《てってい》したマスク使用やワクチン接種など、社会的にも個人の心理的にも強い行動制限を強いられましたが、一方で、新型コロナの問題について、不気味なのは、このウイルスがどこから発生したかがまだ不明のままだということです。野生動物がもっていた病気が直接または間接的に人にうつってしまったとか、ウイルス研究所から流出してしまったという説もありますが、どうも腑《ふ》に落ちません。

新型コロナのまん延《えん》について、カヤポ族の長老で呪術師でもあるラオーニは「自然が抱《いだ》く命のすべてを破壊《はかい》し続けるならば、いつか悪いことが、我々《われわれ》自身の命すら奪《うば》われるようなことが起こるであろう」と精霊から警告《けいこく》されていたことを教えてくれました。

自然を侵《おか》したり、自然を破壊するような人間のまちがった判断によって、起きるべくして発生したものなのではないのでしょうか。例えば「マラリア」は蚊《か》が媒介《ばいかい》になって熱帯地域に発生しますが、マラリア蚊は本来高い木にしか生息しませんでした。人間が森を伐《ばっ》採《さい》したために、マラリア蚊が低い木や人が住むところまで移動してきたために、マラリアは人間社会に侵入しました。自然環境《かんきょう》の法則を守らなければ、大きなツケを払《はら》うことになるのです。

新型コロナの一連の経過から、人類は自然からのメッセージを受け取るべきではないでしょうか。そして、なぜこのようなことが起こったのか、根本的なことをまず最初に考え、対応策《さく》にエネルギーを注ぐだけではなく、その解決策を真剣に考えなければ、近いうちにまた強力なウイルスが出現するのではないかという不安をもっています。

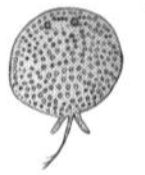

## 第3章

# 精霊《せいれい》とともにくらしがある

## ◆目には見えないけど感じることができる存在《そんざい》

アマゾンの人びとのくらしに欠かすことのできないのが「精霊《せいれい》」の存在です。精霊とは、目には見えないけど感じることができる存在で、例えば、種から植物が育ち、花を咲《さ》かせ、実がなるという当たり前の現象を助けてくれるエネルギーをもっている存在、目には見えなくても、くらしの中のいたるところで確実にいることを感じられる存在なのではないでしょうか。

アマゾンのジャングルには数え切れないほどの精霊が住んでいます。例えば、シングー川の一帯にはアトゥジュアとシャプクイアワという水の精霊がいます。水を司る存在で、雨の精霊とも仲よしで、日照りが続いて畑がカラカラになったときは雨を降《ふ》らせたり、雨季には洪水《こうずい》にならないようにしてくれています。

カヤビ族のイーリャグランジの村を訪《たず》ねたときに、こんな話を聞きました。長老の娘《むすめ》が急病になり、カヤビ族の偉大《いだい》なる呪術師《じゅじゅつし》プレポリの小屋で治療《ちりょう》を受けました。治療が終わって家に帰ろうとすると、外は大嵐《おおあらし》、川は濁流《だくりゅう》が渦巻《うずま》いていました。長老

精霊に由来する仮装をして村を練り歩く祭りの様子。

と娘が乗ってきたのは小さな手こぎの丸太舟《ぶね》だったので、帰りを心配したプレポリは、丸太舟に乗って村まででいっしょに送っていくことにしました。

いざ3人が舟《ふね》に乗ると、ふしぎなことに、この舟の上だけ雨が降りかからず、ちっともぬれないのです。川をのぞくと、なんと1メートル以上もあるエイが2匹、舟の両脇《りょうわき》にピッタリと寄りそっていました。長老はびっくりしたそうです。

長老が、どうして2匹のエイがいっしょについて来るのかとプレポリに尋《たず》ねると、「水の精霊シャプクイアワが2匹のエイに村まで無事に送りとどけるように頼《たの》んでくれた」と話したそうです。「へー、そんなことあるの？」というあまり現実感がない話でしたが、長老の話しぶりから作り話ではない、長老の体験談、実際にあったことであると伝わってきました。

## ◆ふしぎな体験――ジャングルを守る精霊

メイナク族の村にいたときです。この村から2キロのところには川と湖があります。途《と》中《ちゅう》までは細い一本道で、半分くらい行ったあたりから道が2つに分かれるのですが、だれも湖には行きません。川の水は澄《す》んでいないし、ワニもピラニアも蚊《か》もたくさんいるのに、村人たちは川にしか行かないのです。

「なぜ湖に行かないの?」と族長のユムインに聞くと、ちょっと考えてからこう答えました。

「ケンコだったら、たぶんだいじょうぶだと思うから、子ども数人を案内役として連れて行ったらいい。なぜ、村人が湖に行かないかもわかるかもしれないよ」

分かれ道から湖へと続く細い道を歩きはじめると、途《と》端《たん》に坂道でもないのにまるで45度くらいの山道を登っているくらい歩くのが大変になってきたのです。そのうち足下から、なにかに観察されているような気配を感じました。

「私《わたし》はあやしい者ではありません。アマゾンの森を守ることと、森でくらすインディオ

メイナク族の族長ユムイン。58ページなどで紹介したムナインのお兄さん。

のお役に立てることをするためにここに来ました」と心の中で語ると、スーッと道が平らになりました。

数分後、湖に到着。その景色は今まで見たことのない太古のようで、まるでネッシーが顔を出してもおかしくないくらい。植物もここだけにしか生えていない特別な物ばかり。湖は鏡のように澄んでいて静かで、だれも寄せつけない雰囲気《ふんいき》でした。一礼して身を清め、足早に村にもどりユムインにこのことを報告すると「それはユエクチュマと会ったんだね。ジャングルを守る精霊だよ。村人は特別な人しか行けないんだ。ケンコは認《みと》められたんだね」。うれしいような、でもアマゾンの森のために一層《いっそう》がんばらなくちゃいけないような、複雑な気持ちになりました。

## ◆星空の下の出会い

ある年、こんなこともありました。数カ月にわたるアマゾン滞在《たいざい》を終える最後の夜のことです。数カ月の滞在中、植林などの活動をしていましたが、すべてがうまくいかずたくさんのトラブルが続いて、なんだか一人ぼっちのようなつらい気持ちになり、このときを最後にアマゾンに来ることや、アマゾン支援《しえん》をやめようかと落ちこんでいました。

夜中、用足しをするために外へ出ると満天の星。天の川もくっきりと見えます。あまりの美しさに見とれていると「アレ!?」森と空のギリギリのところに星とちがう色をしたオレンジ色の3つの物体が浮《う》かんでいました。3個の物体は星より大きく、火のようなオレンジ色で正三角形を描《えが》いてピタッと静止していました。

「もしかしてあれがUFOといわれているものなのかなぁ」

スティーブン・スピルバーグ監督《かんとく》の「未知との遭遇《そうぐう》」という映画《えいが》では、音を使ってUFOと交流していたことを思い出しましたが、音が出る物が周りになく、なにげに3個のうちの一番上の物体にめがけて、右手でグーとパーをくり返すと、それに反応するようにその物体はほかの2つより強い光を放ちました。この方法でほかの2つにも交信を試みると同じように強い光を放ち、しばし楽しい時間がすぎました。

アマゾンで支援活動をしながら、だれからも理解されないようなさみしさを感じていた私は、このふしぎな物体との交信で元気になりました。宇宙人なのかなんなのか、そんなことはどうでもよくなり、志をともにするなかまに会えたような気になりました。

「ありがとう!!」と心でさけぶと「私たちも長い間、この地を守ってきた。ともに森が残るようにがんばろう」とメッセージを残し、この物体は消えました。日本ではなかなかできない体験だったので、その後つらいことがあったときは、この体験を思い出し、元気になるように心がけています。

## ◆自然との「会話」

カヤポ族の偉大なる呪術師でもある長老ラオーニは、「動物や植物と話すことなどできないとお前たちは決めつけているだろう。そう思った時点ですべての可能性を捨てている。私はすべての生き物と会話できる。石とも話せるんだ」と語ります。

動物や植物と話ができるなんて、人間の世界を超えているようですが、ラオーニといっしょに行動していると、実際にふしぎなことが起こるのです。

20年以上前のことでしたが、ブラジルの首都ブラジリアで、ラオーニがいろいろな省《しょう》庁《ちょう》の大臣と面会して、森を残すためとインディオ保護のための具体的な対策《たいさく》を考えるように提案したとき、私も同行しました。

大臣との面会が終わると、ラオーニは「動物園へ行きたい」と突然《とつぜん》言い出しました。なにかあるのか聞くと、「動物園のヘビ山のヘビが病気で苦しいので助けてほしいと伝えてきた。行って薬を飲ませたい」というのです。

すぐに動物園へ直行しました。動物園に行ってみるとたしかに1匹《ぴき》の大蛇《だいじゃ》が死にそうだと、飼育係が言いました。ヘビがラオーニの夢の中に出て助けを求めたそうです。その後、とどけられた薬草を飲んだヘビは数日後には元気になったと聞きました。大蛇もすごいけど、呪術師のラオーニもすごい能力をもっているものだと感動しました。

ラオーニが言うには、一人前の呪術師になるには大変な修行が必要だそうです。修行時代のこんな話をしてくれたことがありました。

「最初はどこからともなくささやくよう小さな声が耳もとに聞こえる。その声は、川へ

地底世界が広がっているといわれている場所。

行ってワニから伝言を聞け、と言った。川へ行ったけど、どのワニが伝言を伝えてくれるかがわからない、川べりで数日待っていると、やっと伝言を預かっているというワニが現れたが、こんどは森へ行ってヒョウから伝言をもらえ、と言うんだ。その後もいろいろな動物を訪ねたが、最後の答えを聞いたのは岩だった」

「え!?　岩?」

私はおどろいて岩とも会話できるのかと聞くと、ラオーニはニヤリと笑っただけでした。

これから話すことは本当なのか、そうでないのか、信じがたい話です。ブラジル人のある考古学者がシングー地域《ちいき》の地面の下に地底の世界が存在するという信じがたい話をしました。部族によっては地底人のことを地の精霊と表現して信じている人たちもいます。ワウラ族は「アパッサ」とよび、カヤポ族は「イプレリ」とよんでいて、このことをラオーニに尋《たず》ねると「地底に住んでいる人はいる。2メートルくらいの大きな人たちで、わしらが困《こま》っていたら助けてくれる」と言い、ブラジル人スタッフも見たことがあると言っていましたが、残念ながら私はまだ会っていません。

## ◆よい精霊と悪い精霊

10年くらい前のことです。カマユラ族に滞在していたとき、この年は変なことが立て続けに起こって、予定していた計画を大幅《おおはば》に変更《へんこう》しなくてはなりませんでした。その一つが、本当はこの村で大きな伝統的な祭りを催《もよお》す予定だったのに17歳の若者が突然死したため中止になったことです。タクマの娘である女呪術師マプルの留守中に起こったことで、マプルは村に帰ってから死者の霊をよび出すと「呪《のろ》い殺された!!」と答えたそうです。病気、事故で命を落とすこともありますが、ここでは呪術の負の力で殺されることもあることを知りました。なんだかいつになく不気味なことが起こるので、これ以上、災いが起こらないようにと祈《いの》りながら、日本からいっしょに来た女性スタッフ2人と丸い村から

左側が呪術師のマプル。これは、アクセサリーをつないだりするのに使うために植物を細く割いている。

500メートルくらい離《はな》れた小さな家で寝泊まりしていたときのことです。

その夜は新月で外は真っ暗、だれかに鼻をつままれてもわからないくらいなにも見えませんでした。夜中、遠い森からかすかに鳥の鳴き声のような女の人の歌声のようなきれいな声が聞こえてきて目が覚めました。その音色は澄んでいて、四国八十八カ所参りのお遍路《へんろ》さんが使う鈴《すず》のようでもあり、チベットの儀式《ぎしき》用の金属製の鈴みたいで「トゥットゥ〜トゥ〜ルルル〜」と美しく聞きほれてしまうほどです。最初は遠くの方だった声がだんだん私たちの家に近づいてきました。そして最後はこの家の周りを歩き出したではありませんか。その声は大きく、鳥というよりなんだかもう大きな化け物のようです。

この声をよく聞くと「お前と話したいから外に出ておいで!」と言っているようで、直感的に誘《さそ》われるままに出ていったらなにをされるかわからないと思い、声には出さず「行かない。出ていかない」と何回もつぶやきました。すると、ピタッと止まり、外から家のすき間に顔を当ててジッとこちらを見ている気配がしました。その後、急に足の下からまるで冷凍庫《れいとうこ》にでも入っているかのような冷気が家の中に入ってきて、あまりの寒さに足が凍《こご》えてしまうのではないかという冷たさです。と、そのとき、家がふっ飛んでしまうくらいゆれて、大きな生き物が空を飛んでいったように感じました。なにがなんだか訳《わけ》がわからず、その晩《ばん》は一睡《いっすい》もできず朝を待ってすぐタクマにこのことを話すと「それはテッツィンという悪霊《あくりょう》、よく耐《た》えたな。顔は人間で体は鳥で大きな翼《つばさ》は片方《かたほう》だけで2メートルくらいあるんだよ。もしお前が外に出たら両目をえぐられ殺されていた」と言われ、寒気がしました。アマゾンはよい精霊だけでなく悪霊もいることを、このとき知りました。

上写真がピキの花。左ページの写真が、ピキの祭りの様子。ピキの実のなる大きな木の下で男たちが歌いおどる。

## ◆さまざまな祭り

アマゾンの人たちは1年を通して、いろいろな祭りをします。

「ピキの祭り」は作物に感謝する祭りで、シングー川上流《じょうりゅう》域《いき》のさまざまな村でおこなわれます。大きなピキの木にたくさん実がつくころ、その木に「ありがとう」の気持ちをこめて村の男の人みんなで木の下に集まり歌いおどります。日本の、米の豊作を祝う祭りと同じです。

ピキの実は、ピンポン玉くらいの大きさで、とても栄養があり味は栗《くり》に似ています。乾季《かんき》に収穫《しゅうかく》し、大きなザルに入れて川にしずめておいて、雨季で川の水位が上がって魚が獲《と》りづらいときや、雨で狩《か》りに行けないときなどには大切な食料になります。

あるとき、村人がピキの実を収穫《しゅうかく》しているところに居合わせました。手のとどくところにあるだけで十分なのに、木に登って高いところの実をとったり、とても苦労しているので、「なぜそんなに大変なことをす

るの？」と聞いてみました。すると、

「バクは首を長くしたって、せいぜいこのくらいの高さの実しか食べられないよ。バクやほかの動物が食べる分を残しておくんだ」

と、言います。なんてやさしいんだろうと思いましたが、これは自然界の法則（決まりごと）にちゃんと合っています。日本では夢を食べる動物といわれているバクや、ほかのいろいろな動物がピキを食べてジャングルの奥《おく》へと行き、そこでウンチをしたら種もいっしょに出て、結果ピキの木が広い地域に育って大きな木になります。インディオの人は頭がいいなぁと思いました。

道にいたバクと筆者。

祭りの話にもどりましょう。

「ワシャハンの祭り」はメイナク族などでおこなわれる祭りで、病気の精霊と族長が儀式用の道具を持って、「できることなら村人が病気になりませんように。もし病気になっても早く治りますように」と祈り、歌いながらおどるだけの静かなものです。目には見えないけれど、そこに精霊がいることを感じながら会話しているのです。村で流行《はや》り病が起こったり、例えば外から来た人が感染症《かんせんしょう》をもちこみ、村人がたくさん病気になったときにおこなわれます。

もう一つ、アマゾンの先住民にとって重要な祭りを紹介《しょうかい》しましょう。「クアルピの祭り」は、前の年に亡《な》くなった人のあの世への旅立ちを祝う祭りで、メイナク族などシングー川上流域の部族で開かれます。基本的に乾季におこないますが、その日程は呪術師が決めます。

第2章で紹介したように、シングー川上流域の先住民の村は、まるで時計の数字みたいにまあるくならんでいて、その中心部に亡くなった人を埋《う》めるお墓があります。墓は5メートル四方くらいの広さで、小さな丸太をならべて区切られていて、上から見るとモチつきで使うウスのような形をしています。祭りは、この墓の前でおこなわれます。

その年にもし4人が死んだとしたら、森から直径50センチくらいの丸太4本を高さ1メートルくらいに切って、亡くなった人型とします。亡くなった人の家族が、この丸太をきれいに色づけしたり羽根かざりをしたりして、心をこめてかざっていきます。この丸太を「クアルピ」とよびます。

「クアルピの祭り」には、ほかの部族の人たちを数百人招待し、三日三晩寝《みばんね》ないで歌っておどってドンチャン騒《さわ》ぎをします。だから準備が大変。食材を集めるだけでもひと仕事です。事前にたくさんの魚を釣《つ》ってくんせいにしておいたり、主食のマンジョーカ芋《いも》を収穫して粉にしておき、祭りのときにクレープ状にして焼きます。

祭りのクライマックスは「ウカウカ」というレスリングのような競技で男たちが戦います。そこで優勝《ゆうしょう》した若者がこの地域のリーダーとして重要なポジションにつくのだそうです。祭りが終わりみんなが帰った後にクアルピを川に流し、以後一切、死んだ人の名前を口に出してはいけないといいます。「なぜなの？」と聞いてみると、死後の世界もいろいろやらなくてはいけないことがあるようで、もし名前

クアルピの祭りの様子。82ページに写るかざりつけされた丸太が「クアルピ」。このページの上写真は、クアルピの祭りの余興。子どもたちが動物に見立てた人形に矢を放つ。下写真が祭りのクライマックスである「ウカウカ」。

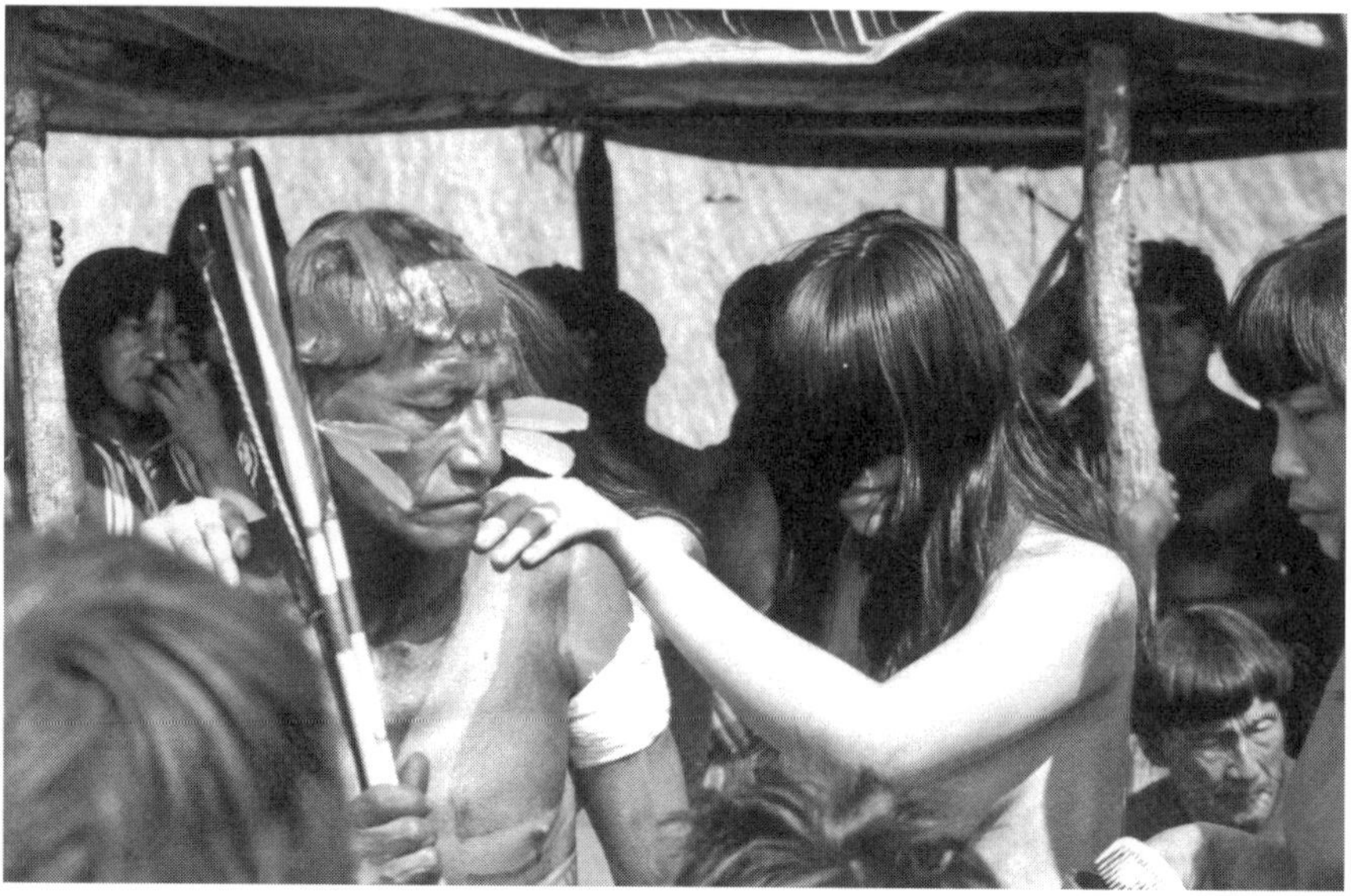

女の子のイニシエーションを終え、長老とともにお披露目をしている様子。髪は長くのび、肌が白くなっているのがわかる。

をよばれたら気が散ってしまうからだそうです。あの世も結構忙《いそが》しいのかもしれませんね。

## ◆厳《きび》しい女の子の通過儀礼《つうかぎれい》と女の祭り

シングー川上流域のいくつかの部族では、女の子が大人になるための通過儀礼（イニシエーション）があります。初潮《しょちょう》を迎《むか》えると家のすみにハンモックを１人分だけ吊《つ》るせるせまい空間を作り、周りを囲って見えないようにして、その小さな暗い場所に最低でも１年間くらい１人きりでこもります。夜中、みんなが寝静まったころにだけ、用足しのために外に出ることもあるようですが、家族と話すことも基本的に禁止されています。食事は家族が囲いの下のすき間に置きます。こもっているときは1人なので、自分と向き合いたくさんのことを考え、とくに森で生きる意味を考えるそうです。

村の長老が儀式の終了《しゅうりょう》を告げると、長老の肩《かた》につかまり外に出て、無事に儀式を終えたことを村のみんなにお披露目《ひろめ》します。その後お母さんになる準備をはじめます。1年以上も日に当たらない生活が続くので、外に出るときには肌《はだ》は真っ白、前髪《まえがみ》はあごくらいまでのびています。

カヤポ族には「ベンピの祭り」という女の子の祭りがあります。女の子は大人になるまでに4回名前を変え、改名のたびに「ベンピの祭り」をおこないます。とくに4回目のときは一際きれいに着かざって得意げに村中を歩き、みんなに祝ってもらいます。

過酷《かこく》な自然環境《かんきょう》下、幼児《ようじ》の死亡率《しぼうりつ》が高く、生きのびていくことはそれなりに大変なアマゾンでは、女の子には将来子どもを産み部族の人口を増やす大切な仕事があると考えられています。ときどきで名前といっしょにイヤなことや不幸を捨《す》て去り、新しい名前に希望をたくすのです。最後となる4回目の改名では、えらいおばあさんや、強くて女のリーダーだった人の名前にすることが多く、名前からパワーをもらって生きていくそうです。

カラパロ族には、村中の女の人が4日間寝ずに歌いおどり、村の家を1軒ずつ訪ねる祭りがあります。自然を守っている神々や精霊に感謝する神聖《しんせい》な儀式で、祭りの期間中は女の人が忙《いそが》しく、私がこの祭りに居合わせたときには、小さな子どもがいる家ではお父さんが面倒《めんどう》をみていました。夜中、森に響《ひび》くたくさんの女の人の歌声はとてもきれいで、心が洗《あら》われるような幸せな気持ちになりました。

もう一つ、とても重要な女の祭り「ヤマリクマの祭り」があります。シングー川上流域のカマユラ族をはじめとする数部族が乾季から雨季に移るくらいの時期に1日、女の人たちが男の人たちのようにふるまいます。

まずは、ふだん男の人の役割《やくわり》である狩りをします。森に入り野生動物をつかまえ、村に運びます。獲物《えもの》は、ヒョウだったり大きな野ブタだったりします。続いて、村の中央で女相撲《ずもう》がはじまりますが、組み合って、太ももが地面についたら負けになります。おばあさんをのぞいてほとんどの女の人が参加します。最後まで勝ち残りチャンピオンになった人と歴代のチャンピオンたちが先頭になり、男の人用の祭りの羽根かざりやアクセサリーをつけて、みんなでドッシドッシと村中を練り歩きます。

その後は歌っておどって大騒ぎ！　男の人たちは遠巻《とおま》きに祭りを見守って、最後に1人の男の人をつかまえ、女の人たちの輪の中に入れてみんなでくすぐって祭りは終わります。

上写真はカラパロ族の女性たちの祭り、下写真は「ヤマリクマの祭り」の様子。

## ◆勇気を試される男の通過儀礼

シングー川上流域のカマユラ族、メイナク族、イアラピチ族、マチプ族、ワウラ族、クイクル族、カラパロ族の男の子たちが、13歳くらいに体験する大人になるための通過儀礼はとても過酷です。村の呪術師が調合した毒性の強い薬草を煎《せん》じた飲み物を飲んで、家の中のハンモックで数日すごします。幻覚《げんかく》を引き起こす薬草のせいで、魔物《まもの》が出てきたり、空を飛んでいるような感覚になることもあるそうです。

この体験を終えて男の子は大人として認《みと》められますが、不幸なことに、ときにはこの儀式で飲んだ薬草の毒で死んでしまう子もいます。しかし儀《ぎ》

イニシエーションを受けている男の子たち。88、89 ページともメイナク族の村にて。

式《しき》を克服《こくふく》した子は、自分の力で成し遂《と》げたことで、子どもから大人に変わる自信に満ちた表情をしていました。私の出会った少年のお父さんも、お兄さんも経験しているので、男の子のだれもが通らなければならないことなのでしょう。

カヤポ族の男は強いだけではダメで、かしこい判断力も求められます。それを試すのが、高い木の上にある大きなスズメバチの巣を叩《たた》き壊《こわ》してくる儀式です。これは命がけの儀式なので、10年以上前からほとんどおこなわれなくなりましたが、木に登って棒《ぼう》で巣を叩くと、当然数千匹のスズメバチはおどろき怒《おこ》って襲《おそ》いかかってきます。木から一目散で降《お》りてきても、ハチは追いかけてきて刺《さ》しまくります。木の下で家族の女の人たちが大きな葉っぱでハチを追い払《はら》いますが、中には体中を刺されて気を失う子や、アナフィラキシー症状《しょうじょう》でショック死するケースもありました。

もう一つ、同じくカヤポ族の村でおこなわれている男の通過儀礼を紹介します。日本のカヤ科の植物によく似たサッペという植物の繊維《せんい》で編んだ大きな手袋《てぶくろ》のような形の袋に大量の毒アリを入れ、その中に手を入れます。この儀式はかなり大変ですが、カヤポ族は、自他ともに認《みと》める勇敢《ゆうかん》で強く、特別な部族とされているので、先住民の中でもかなり強烈《きょうれつ》な儀式を通過することを男の子たちに求めていたのでしょう。

男女とも、なぜこんな命がけの儀式をしなければならないのか、私は最初わかりませんでした。いろんな村で儀式の意味を聞いても、だれからもはっきりとした答えが返ってきません。「昔から続いているから」と、疑問《ぎもん》にも思っていないようでした。

この地域で長い間滞在した私の考えですが、アマゾンで生きることは、さまざまな危険《きけん》ととなり合わせでくらすことです。真《ま》っ暗闇《くらやみ》の不安を冷静にとらえたり、人間にとってやっかいな動物（ヒョウ、毒ヘビ、ワニなど）と出くわしたときなど、極限状態で時宜《じぎ》にかなった正しい判断をしなくては生きのびていかれません。通過儀礼は、心も体も強くするためにおこなわれるのではないかと理解しています。儀式を無事終えた子どもたちの顔つきは勇気とプライドに満ち、それはカッコよく輝《かがや》いています。

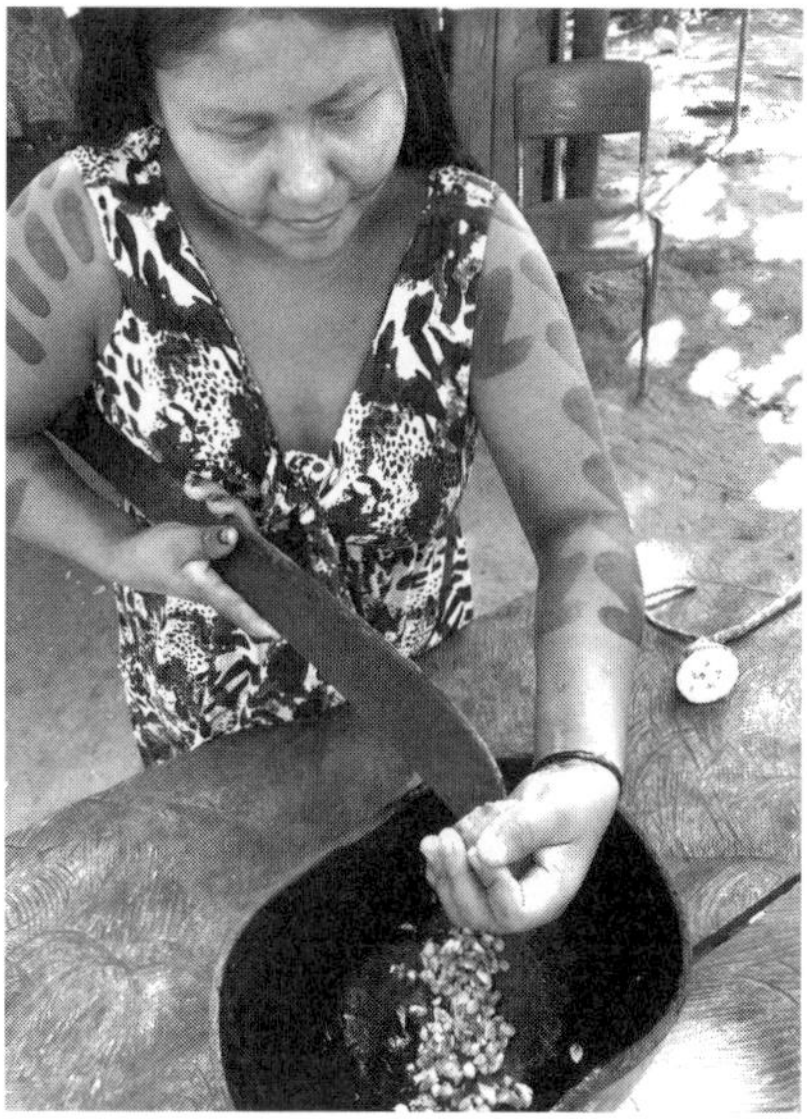

左写真は黒いジャニパポの実を取り出している様子。右写真に写るのがウルクンの実。

## ◆アマゾンのアート

この章の最後に祭りに欠かせないアマゾンのアートについて紹介しましょう。

シングー川上流域の数部族では、祭りになると村じゅうの人が体にボディペインティングをします。ウルクンという赤い実とジェニパポという黒くなる実を使って、ヒョウ、ヘビ、ワニなどの強い動物を表した幾何学的《きかがくてき》な模様《もよう》を体中に描《か》きます。これは2週間くらいは消えません。

祭りに使う道具の色は、赤、黄、黒の3色を基本にしています。赤は血を意味しますが、生きる、元気、そして魔除《まよ》けの役割があります。黄色は太陽です。黒は死を意味しますが、死＝消えるということではなく

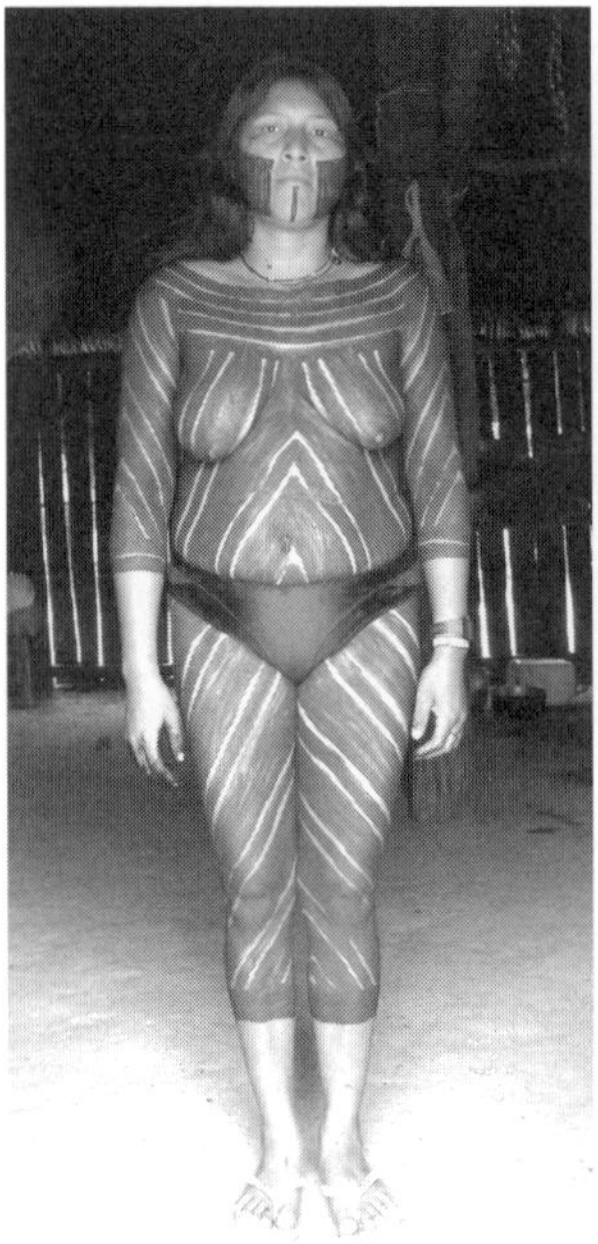 

ボディペイントをほどこしたインディオの人びと。左写真は全身に黒い模様《もよう》が描かれている（カヤポ族）。右写真は髪は赤くし、目の周りに黒いラインを引いている（メイナク族）。

再生をイメージし、また大地、戦いの意味もあります。

どこの村でも、男も女も祭りになると気合いを入れて着かざります。ヤシの実、動物の骨《ほね》、貝などを素材にして女性たちが長い時間を費やして作ったネックレスやブレスレット、イヤリング、ベルトなどを身に着けます。その装飾《そうしょく》品《ひん》はすばらしいのなんの。たいした道具もないのに、それはそれは高度な技術でていねいに作られています。野生の綿花やヤシの茎《くき》や葉をさいて糸状にしたヒモを使い、頭に乗せる羽根かざりや腰《こし》に巻くベルトを作ります。これは男性が使う物で、オウムやタカなどの羽根をあしらいます。生え変わりで落ちた羽根を森から収集しているのです。

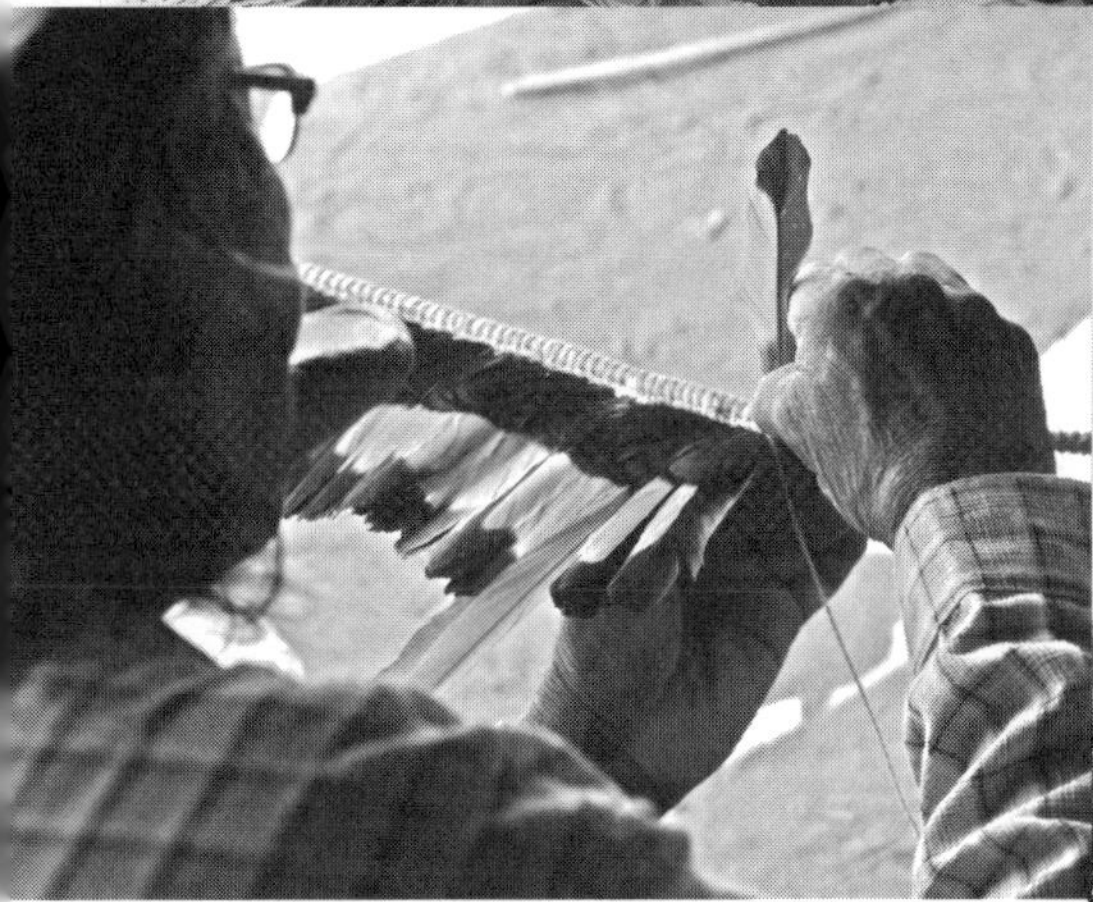

上＝祭りのためにアクセサリーで着かざりボディペインティングをしたカヤポ族の子どもたち。
下左＝ラオーニが羽根かざりを作っている様子。
下右＝飾りやアクセサリーをつけ、槍《やり》をもつカヤポ族の人。

インディオの作った土器（右上）や木工芸品。とくにメイナク族が作るユーモラスな木工芸品はいろいろな国で高く評価されていて、世界中のどんな美術館に置いても十分価値《かち》があり、通用する品ばかり。

日常生活で使う用具もアート作品のようです。素焼きの土器やヒョウタンを2つに割《わ》った器にも、細かい模様を入れたり、かざりつけたりします。料理を乗せるほか、保存《ほぞん》に使うなど、いろいろな用途《ようと》に役立ちます。焼き上がったクレープ状のマンジョーカ芋を置くためのすだれのような物にも、ワニやカメの模様を織りこんだり、さまざまなサイズの物が作られています。

　また森から丸太を切り出し、数年間寝《ね》かせてアク抜《ぬ》きをし、アリクイ、バク、トリ、ヒョウ、サルなどをかたどったいすを作ります。とく

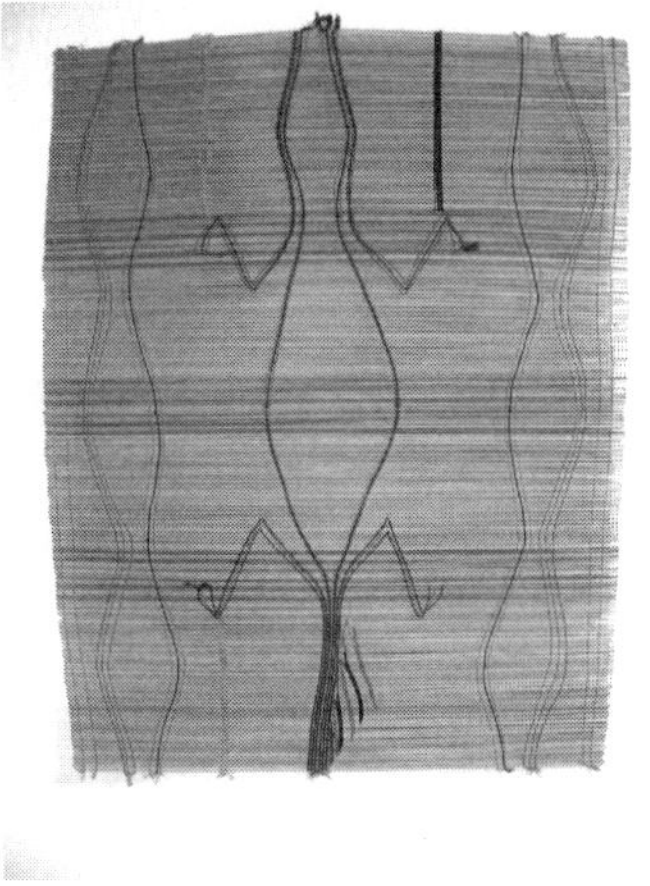

上左・右、下左はさまざまなアクセサリー。貝や木の実、鳥の羽を細かくつないで作られている。右下の編み物はすだれにも敷きものにも使われる。51ページの右写真の女性が作っている物。

にメイナク族が作る木工芸品は、まるで生命が吹《ふ》きこまれているような強いエネルギーを感じます。槍や楽器なども、それぞれに意味のある細かい模様やかざりつけがされ、とても美しいです。

「なぜここまで手間のかかる細かい大変な仕事をするの？」

あるとき、私はアクセサリー作りをしている女性に、そぼくに思っていたことを聞いてみました。その答えは「だって、きれいでしょ」。なるほど一番大切なことは作る人が満足して幸せな気持ちになることなのだと気づかされました。

ラオーニが支援のお礼と言って、作ってくれたイヤリング。私たちは、アートもアクセサリーも金額でその価値を判断しがちです。だけど、お金という価値基準のない世界では、純粋《じゅんすい》に作っている人が納得《なっとく》いくまで追求した美しさに価値があることを気づかされました。

アマゾンには「アーティスト」という仕事はありません。うまい／ヘタはあっても、だれもが工芸品を作り、歌い、おどり、笛も吹きます。それぞれが自分の内からわき上がる喜びや、ときには悲しさを正直に表に出し、村のなかまと分かち合うのです。アマゾンの人びとが生み出すアートや手工芸品は美しくユーモアがあり魅力的《みりょくてき》です。

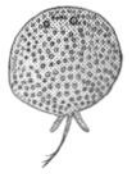

第4章

# みんなでともに生きる先住民の社会

## ◆インディオの村のしくみ

１つの村には、多いところで５００人くらいがくらしています。それぞれの村には経験豊富な長老とよばれる、年をとったおじいさんが３人くらいいます。長老はみんなから尊《そん》敬《けい》されていて、森で生きていくためのたくさんの知恵や、その部族の伝統や文化を、村人に伝える大切な仕事があります。

部族を頂点《ちょうてん》でまとめるのは族長で、各部族に１人しかいませんが、ほとんどの場合は、族長の家系《かけい》で引き継《つ》がれます。長老とよばれている人が族長を務める場合も多くあります。ほかの部族とのトラブルやなにかの決めごとをするときには、自分の意見を言わずに村人一人ひとりの考えを、じっくり聞きます。昔は部族間で争いごとがありましたが、現在は先住民同士の戦いはほとんどありません。

そしてどの村でも呪術師《じゅじゅつし》が２人くらいいます。病気を治すことのほか、自然のルールを村人に教えたり、トラブルが起きたときの相談役もします。呪術師も代々家系で継いでいくケースが多いです。親から子へと役目を伝えていくわけです。

カヤポ族の「男の家」で長老の話を聞く筆者たち。

## ◆話し合いのルール

第2章でも紹介《しょうかい》しましたが、シングー川流域の先住民族とカヤポ族の村の真ん中には「男の家」とよばれる建物があります。柱に屋根をふいただけで、家の囲いがなく、外から丸見えの簡素《かんそ》な造りで、基本的には男たちだけが集まる場所となっています。数十人が車座《くるまざ》になって話し合ったり、工芸品作りをしたり、外から来た人と公に対話をする場所にもなります。

村にとって大切な問題を決めるときは長老がまとめ役となって、村の男の人、一人ひとりが自分の意見を述べます。最後、その案に賛成か反対か、なぜそう考えるかも述べるのですが、なにしろすごく時間がかかります。ときには午前中からはじまった話し合いが、終わるころに星や月がでているなんてこともしばしば。

時間を制限せずにとことん話をすることは、多数決で決めることが多い、私たちの社会ではあまり見たことがなかったので、とても新鮮《しんせん》に映《うつ》りました。ここでも最終的な決定は多数決になりますが、反対の人がどんな理由だったのかも、その場にいた全員が理解しているので、後で文句が出たりしません。

「だいじなことがあってみんなで集まるんだから、時間をかけて話した方がいい結果になる」と議長役の長老はいいます。ただ「男の家」での集まりに女の人が加われないと知ったとき、なんだか女性差別で男性優位《ゆうい》のように感じ、あまりよい気持ちがしませんでしたが、それぞれの家では女の人がリーダーのように強いので、男の人たちは「男の家」で息《いき》抜《ぬ》きをしているようにも映りました。

けれど、とても重要なことがらを話し合う場合は、その場で答えを出さないで、それぞれの家へ持ち帰って奥さんと相談して、翌日に答えを出すというケースもあります。また女の人たちにも、これに似た集まりがあります。長老の家に数十人の女の人たちが集まって、数カ月に1回くらい開かれる物々交換《こうかん》の会です。長老の奥さんが進行役となり、情報

女性たちの会議の様子。テーブルには、手編みの敷《し》きものが敷かれている。

交換をしたり、自分が抱《かか》えている悩《なや》みや考えを、それぞれが語ります。

個々を尊重《そんちょう》して徹底的《てっていてき》にみんなで話し合っていくこと、だいじな決めごとには、家族の意見も取り入れて時間をかけて議論をし、答えを出していく様子を見て、公平で平等な関係こそ、人間が集団でくらしていく原点なのではないかと思いました。

## ◆お金が通用しない社会

1992年、はじめて先住民がくらしているクイクル族の村に泊《と》まっていたときです。おなかが空いたけど、村にはスーパーマーケットどころかお店は1軒《けん》もありません。

ちょうどお昼どきで近くのシングー川から、数匹《すうひき》の魚を釣《つ》って帰ってきたインディオのおじさんに、「その魚を1匹売ってください」と言ってブラジルの紙幣《しへい》を出すと、お金の紙をふしぎそうに見て「この紙、食えないよ」と笑って言われました。お金を知らない人がいるなんて、考えたこともなかったから、一瞬《いっしゅん》なんのことだかわからず、おどろきました。当時ここでくらす人たちはお金を見たこともなかったのです。

アマゾンでは人間がくらしていくのに必要な物が、すべて森の中にあります。川へ行けば魚が捕《と》れるし、主食のマンジョーカ芋《いも》は畑で作り、果物も雨季に実ります。野ブタや野生動物は狩《か》りをして手にいれることができ、自分の口に入れるまでの、皮をはいで、内臓《ないぞう》を取り出し、肉を川できれいに洗《あら》ってその後、焼いたり、煮《に》たりするまでの作業も自分たちでおこないます。しかも日中の気温が50℃くらいの暑いさなか、肉が腐《くさ》らないうちに処《しょ》理《り》しなければならないので、たくさんの村人が自分の役目をもくもくと手早くこなしていきます。

日用品の土器や、ヤシを材料にしたハンモックや、いろんな使い方があるザルなどは、手づくりの物を村の中で物々交換します。

お金が通用しない社会は、やらなくてはならないことが多いので、とても忙《いそが》しいです。

また、このような生活環境《かんきょう》では、1人で生きていくことは難《むずか》しく、おたがいに助け合っていかなければなりません。獲《と》れた食材はみんなで、平等に分け合います。お金がないこの世界には、お金持ちの人も、貧乏《びんぼう》な人もいません。村人全員が1つの家族のように仲よく、協力して生きている姿《すがた》はとても平和でした。

## ◆子どものころからなかまとともに

アマゾンの子どもたちが大人になるまでの様子をお話しします。

生まれた赤ちゃんは、生後3カ月間、お母さんが肌身離《はだみはな》さず、抱《だ》きかかえて世話をします。この間、お母さんは家事はせず、おっぱいをあげたり、赤ちゃんをあやすなど育児だけに時間を使います。お母さんがやっていた家事は、おばあさんや家族が引き受けてやります。

3カ月がすぎると、お母さんだけでなく村人たちが自分の子どものように赤ちゃんに接し、赤ちゃんはたくさんの人から愛情をもらい、ニコニコ、おおらかに育っていきます。

1人で歩けるようになると、10歳《さい》くらいの子どもがリーダーになって6人くらいのグ

ループを作ります。村の中だけでなく、森や川でも遊びますが、「この道はヒョウが通るから気をつけて！」とか「のどがかわいたら、この木のつるを折るとおいしい水が出てくるからね」とか、リーダーが森でどう判断して行動するかを教えます。

大人たちは、よっぽど危険《きけん》なことがない限りだまって見守り、だいじなことは子どもから子どもへ、まるでリレーのバトンを渡《わた》すように伝えられていきます。私たちの社会は、ともすれば、大人の価値観《かちかん》で子どものことを決めようとするので、メイナク族のお母さんに「どうして子どもにうるさいことを言わないの？」と聞くと、「この子は自分で望んでここに生まれてきました。私は森のおきてを教えるだけです」と答えました。シン

グーの子どもたちは自分の意志で生まれてきたことを知りおどろきました。

## ◆キャラメルを3つに噛《か》み分けた女の子

アマゾンに長期滞在《たいざい》していると、日本の食べ物が恋《こい》しくなります。そんなときのために、私は日本からキャラメルを、そんなにたくさんは無理なので、ちょっとだけ持っていきます。キャラメルを食べるときは森の奥《おく》に入ってこっそり1人で食べますが、そのときは本当に幸せです。

あるとき、だれもいないことを確認して森へ入り、倒《たお》れた丸太に座《すわ》り、キャラメルを口に放りこみ、キャラメルのなつかしい甘《あま》さを楽しんでいました。すると、なんということでしょう！　4歳くらいの女の子が３人、うしろに立っていたのです。森に入る私の後をつけてきたのでしょうか、まったく気がつきませんでした。

３人の女の子の目は私の口にくぎづけです。今まで嗅《か》いだことのないにおい！

「いったい　これはなんなの？」。おどろきの表情が顔いっぱいに現れていました。

私はポケットから、照れかくしに１個だけ残っていたキャラメルを一番そばにいた子にわたしました。ほかの２人には、村にもどったらなにかあげたらいいか！　くらいの軽い気持ちでいました。キャラメルを受け取った子は、ポンと口にキャラメルを放りこむと、なんと３つに噛み切ってほかの２人にあげたのです。私はあっけに取られてその様子を見ていました。その子は、自分がもらった物だからと、全部食べてしまってもよかったかもしれませんがちゃんと分けたのです。

私は自分のしたことのはずかしさと同時に感動がこみあげてきました。

大人たちが日常でやっているのを子どもたちが見て学んだのでしょう。食べ物を分け合って生きていくアマゾンの社会で、小さな子に「分け合う」ことの大切さを学びました。

## ◆なかまはずれもない

どの部族の村にも、２人か３人、私たちの社会では障害者《しょうがいしゃ》とよんでいる人がいます。生まれもってなのか、事故などが原因なのかは定かではないけれど、目が見えなかったり、耳が聞こえなかったり、話せなかったり、手足が不自由な人もいます。知的障害の人もいます。けれど、ここには「障害」にあたる言葉はなく、彼らも村の一員として生活しています。

私はこの地で大きな発見をしました。障害のある人には、障害のない人にはない特別な能力があるのです。例えば、カヤビ族のカピバラ村にいたとき、とてもきれいなザルを見て「このザルほしいなあ、だれが作ったの？」と尋《たず》ねると「ああ、この村のザルはほとんどカニーズオが作っているんだよ」と言って、村のザル作り名人という人のところへ連れていってくれました。はじめて会ったカニーズオは、重度ではありませんが自分の世界からなかなか出てこられない障害があり、村からザル作り専門の仕事を引き受けていました。

カマユラ族のある村では、体を動かすことはできるけれど、言葉を話さず、人と意思の疎通《そつう》ができない15歳くらいの女の子がいましたが、彼女は子守りの天才でした。どんな赤ちゃんでも、たとえ泣いていても、この子が面倒《めんどう》をみるとニコニコ顔になるので、この村の子守り専門の仕事をしていました。私は毎年この村を訪《たず》ねていますが、いつも赤ちゃんがいる家にいっしょに住み、村人に感謝されていました。

カヤポ族のメベンコクレ村にいた知的障害がある青年は、遠くの音や匂《にお》いをいち早く察知する能力がありました。何キロも先の野ブタの集団を感知することができ、狩りをするには彼の存在は欠かせませんでした。川から近い村なら魚をタンパク源《げん》としますが、川から遠いこの村は、野生動物からしかタンパク源をとれないので、この青年は食材確保のための重要な役割《やくわり》を担《にな》っているわけです。

村の人たちは、できないことがあったり大多数の人とちがっていることは気にしません。まずどんな人にも、ザル作りの名人、子守りの名人、野生動物の動向をより早く感じる名人のように特別な役割があると考え、その人にたまたま「障害」があったと考えるのです。「障害」の部分は、あたりまえに「その人らしさ」として受け入れ、できることに注目し、特別な役割が見つかるまでは待っているわけです。大多数の人とはちがっているけれど、村にちゃんとした居場所があり、みんなから感謝されてくらしていることを見て、本当の意味で障害者差別のない心地よさをアマゾンの先住民社会で学びました。

## ◆文字はない

今から20年以上前のことです。メイナク族の村に滞在していたときのことでした。夜になると10歳前後の子どもたち10人くらいが、長老の家に集まってきました。小さな火を囲み、ハンモックの上で長老が横になって、なにやらポツポツと語りはじめました。子どもたちは真剣《しんけん》にだまって聞いています。1時間もすると長老はだまってしまいました。たぶん、寝《ね》ちゃったのでしょう。子どもたちはそれぞれの家へ帰っていきました。

翌朝《よくあさ》、前夜に長老の家で話を聞いていた子どもたちが集まり、なんだか言い合っています。1人が「長老はこのとき、こう言った！」と言えば、別の子が「ちがうよ、そんなこと言ってなかった！」と、それぞれが自分の意見を言い合っていました。

そこで全員でまた長老のところへ行き、昨夜の話をもう一度聞くことになりました。複数でくり返し聞いて話を伝えていくのです。もし聞きまちがえたらもう一度聞き直し、みんなのそれぞれの頭の中に同じことを記録していきます。こうして部族の伝統文化は文字

村の学校の前で長老の話を聞く子どもたち。

がなくても正確に次の世代に受け継《つ》がれていました。しかし2000年ごろメイナク族の村にも学校が建てられ、子どもたちが文字を学ぶようになったので、文化を伝える独自の習慣は消えてしまい、少し残念です。

## ◆体の内なる声を聞きなさい

今やコンピュータやスマホが地球のすみずみにまで行き渡《わた》っていて、アマゾンの先住民たちもスマホやパソコンについて知っています。アマゾンでは、1990年代以降、一部の部族では村人たちの要望によりディーゼル発電機を使い、テレビが設置されたりしたところもあります。使えるのは、族長の家などごく限られた場所のみで、夜、大人たちがニュースや映画、サッカーを見たりしています。けれど、ジャングルの中は電波がとどかないところがほとんどなので、スマホやパソコンはなんの役にも立ちません。

現代は、家にいながら世界中のあらゆる情報を得ることができます。しかしジャングルにいるときは、すべて自分で判断して行動しなければなりません。森で用足しをする場所を探すときには、周りにヘビがいないか、ヒョウが来ないかを慎重《しんちょう》にチェックしなければなりません。また川でお風呂《ふろ》に入るときには、ピラニアやワニに襲《おそ》われないかを判断して行動しなければなりません。

目で見て、耳で聞いて、鼻で嗅いで、体を動かさなければいけない。なまけていたら本来もっている大切な感覚が失われてしまう。

体の内なる声を聞きなさい。

これは長老ラオーニの言葉です。体験することが、いかに重要かを語っています。私《わたし》たちの社会は、スマホなどの便利な道具に頼《たよ》りすぎて、自分の内なる創造《そうぞう》力や判断力が低下

マチプ族の子どもが、蜜《みつ》ろうから作ったロウソクの灯りをはじめて見たとき。

しているのではないか、そして考えるということすらあまりしなくなっているのかもしれません。

五感のほかに「感じる」という第六感があります。なんとなくいいなぁとか、これはイヤだなぁ、なにか変な感じがするといった感覚です。命の危険ととなり合わせにあるジャングルでの生活は、五感のすべてをとぎすませ、さらに第六感をさえわたらせなければなりません。感覚に頼って創造したり判断することこそ、本来の「人間らしく生きる」ということなのでしょう。

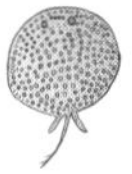

第5章

# アマゾンで起きていること

## ◆遠い旅をしてきた人たち

アマゾンの森深く、シングー川流域にくらす先住民の社会、文化、生活などをお話ししてきましたが、ブラジル全域の先住民族は305部族あり、言葉は274言語あります。それぞれの民族は独立した集団で、文化や習慣も異なる独自の生活様式を守って、次世代へと伝えています。現在は他民族との行き来も多くなったので、昔ほどオリジナルにこだわらず、ときとして他部族の文化も取り入れ、自在性をもってくらしています。中には2人だけを残して、滅んだ部族もいます。

そもそも、アマゾンにやってきた人たちは、この地にたどり着く数万年前、中国・雲南《うんなん》省あたりを出発し、北米大陸のベーリング海峡《かいきょう》を渡《わた》り、南下して南米大陸のアマゾンにたどり着いたといわれています。もっと冒険好きななかまは南米大陸の最南端《なんたん》まで行きました。

1500年4月22日は「ブラジル発見の日」とされていますが、この地にはじめてポルトガル人が上陸した日でもあります。このころ、ヨーロッパは大航海時代で、植民地化して新天地となる南米大陸にヨーロッパ人が押し寄せてきました。鉄砲《てっぽう》などの武器を持ち、支配することを目的とする白人に対して、弓くらいで大した武器を持たない先住民とでは戦う前から結果ははっきりしています。大西洋岸の気候も穏《おだ》やかで土地も肥えているところで楽園を築き、平和にくらしていた先住民は、手当たり次第殺され、住む場所も追いやられ、仕方なく、どんどんアマゾンのジャングルへ逃げこみ、その厳《きび》しい熱帯林が白人からインディオを守り、絶滅《ぜつめつ》は避《さ》けられました。

この地域《ちいき》を統治した白人（ブラジル人）は、その後も物質文明の社会のルールに沿《そ》って、現在にいたるまで森を壊《こわ》し、開発し、町を作り、インディオの生存《せいぞん》を脅《おびや》かしています。ヨーロッパ人がこの地に押し寄せてくる前は１０００万人近くいたインディオの人口は現在９０万人、５００年前は、１００％インディオだけだったこの地に、今はブラジル人口の０・４％くらいしか残っていません。ブラジルの発展《はってん》、進歩は殺りくされたインディオの人たちの、血と涙《なみだ》で成り立っています。

カヤポ族の長老ラオーニが、ブラジル人とはじめて会ったのが20代のときだといいます。今ラオーニは１００歳近いので約80年前のことです。当時、ラオーニの目の前で親族を殺されたそうです。その話を聞いて、私はラオーニに「白人を憎《にく》まないの!?　親、兄弟

ラオーニは初来日以降、2007年、2014年の2度来日し、アマゾンの自然を守ることの大切さを多くの人に語りました。

を目の前で殺されたら、私だったら一生うらむし、仕返ししたいと思う」と言うと、「白人はきらいだ。でもうらみの気持ちは、なにもいいことを生みださないよ」と答えました。ラオーニは白人社会と接触《せっしょく》して以来、熱帯林を残す大切さを伝えるために、世界中を回り、アマゾンの自然を残すための協力をあおぐ活動に、一生をかけてきました。数年前、「ノーベル平和賞」の候《こう》補《ほ》者にも2度なりました。

ブラジル憲法《けんぽう》の中でインディオの人がブラジル国民とみなされるようになってからはまだ日が浅く、本当の意味では、インディオの人はブラジル社会で受け入れられているとはいえません。なぜならブラジルの法《ほう》律《りつ》で定められた、先住民保護区でしか、インディオの人はくらせず、自由に移動することは難《むずか》しいからです。一見、保護区で守られているように映《うつ》りますが、

このように開発のため大規模に伐採されたエリアがあちこちにある。

その保護区ですら外部との境界で常に、大きなトラブルが生じているのが現実です。

## ◆お金もうけのために壊される熱帯林

私がはじめてアマゾンへ行ったとき、熱帯林を燃やしている現場に通りかかりました。火の中でオオアリクイが火だるまになって死んでいく姿《すがた》を目の当たりにして、涙がこぼれ、同時に強い怒《いか》りがわき上がりました。

この焼け跡は肉になる牛を育てる牧場になるといっていました。この地域一帯の牧場で育てられた牛たちは世界中に運ばれ、日本人も食べることになると聞いてとてもおどろきました。アマゾンの森が焼き払《はら》われることと、日本でくらす自分が関係している事実は

丸太を運び出そうとしていた不法侵入《しんにゅう》者をインディオがつかまえた現場。

ショックでした。

この5年ほどで、アマゾンの大規模《きぼ》破壊《はかい》はどんどん進んでいます。２０２０年には１年間で１万１０８８平方キロ（東京ドーム24万個分）、21年には１万３２２５平方キロ（東京ドーム28万個分）が消失し、農園や牧場、鉱物採掘《さいくつ》場になったり、道路整備や巨大水力発電ダムの建設が進められています。

また私の支援《しえん》する地域でも高級家具などに使用されるマホガニーが乱伐《らんばつ》され、高額で取り引きされていました。マホガニーの群生地だった場所は、今やハゲ山のようになってしまいました。２０００年ごろ、カヤポ族の人たちの要望で資金援助《えんじょ》をして、その跡地にマホガニーの苗《なえ》木《ぎ》を１万本以上植林しましたが、鉄砲水に流されたり、野生動物に食べられたりして、育ったのは半分以下でした。

大規模開発のほかに、めずらしい動植物を乱獲《らんかく》するために侵入する密猟《みつりょう》者の存在も大きな問題です。密猟を禁止する法律はありますが、取り締《し》まる人の力が弱ければ絵にかいたモチにすぎません。川や湖からはめずらしい熱帯の魚や森の動物たちが密猟され、世界中に運ばれています。

## ◆アマゾンの自然を守るインディオたちのブラジルでの立場

本来は自由に行きたいところに行き、住みたいところに住んでいた先住民の人たちでしたが、ポルトガル人が侵入し、勝手にブラジルという国を作ってしまってから悲劇がはじまりました。私が支援活動をしているシングー川流域の部族にも、本来は別の地域でくらしていたのに、本人たちの意見も聞かず、この地域に押しこめられたというケースもあります。イキピンギ族やカヤビ族の人たちです。

「以前いた場所にもどりたくても、今は個人が牧場として所有しているので帰れない」と、イキピンギ族の族長メロボが、がっかりした様子で話してくれました。

インディオの人はブラジル社会で、長い間、偏見《へんけん》と差別の対象として虐《しいた》げられ、ブラジル政府も、社会への同化を前提に、いずれ滅《ほろ》びゆくまでは国家が保護するという姿勢《しせい》を打ち出していました。

先住民の人たちを保護し、いろんな問題を解決していくことを目的とする政府機関SPI（先住民保護庁）が1910年にできましたが、その実体はひどいもので、インディオ狩《か》りをして裸《はだか》で逆さづりにした写真を公開するなど保護とはほど遠く、監視《かんし》し、ときとして殺すことさえあり、他国からも非難《ひなん》を浴びせられました。体制を一新して、1967年にFUNAI(国立インディオ保護基金)を設立。この機関はブラジル法務省が責任をもって向き合っています。

このFUNAIを作ることに貢献《こうけん》し、またシングー地域を守った人たちとしてビラス・ボアス3兄弟がいます。ブラジル社会からキリスト教をもちこまず、シングーの人たちの宗教や文化を尊重《そんちょう》して、上から目線でなく、対等に向き合い、いっしょに問題を解決するためにインディオ側に立って意見を述べていました。

2002年に亡《な》くなった長男オルランド・ビラス・ボアスの家に招待されたとき、彼は私《わたし》に「いずれインディオは滅びると思うけど、その速度をゆっくりにすることはできる。

サンパウロのオルランド・ビアス・ボラスの家で。右端《みぎはし》の背中向きの人がオルランド、右から３人目が筆者。

ケンコにその手伝いを協力してもらいたい」と言いました。なんのことだかわかりませんでしたが、インディオが自分たちの生きる方向を自分たちで決めて、行動することだと理解し、私が支援事業を決めるときは、インディオが決めたものかどうかを判断基準にしています。

またＦＵＮＡＩは、先住民族がくらしている地域に外部の人が入ることを厳しくコントロールしています。入るためにはたくさんの書類を用意しなければなりません。訪問《ほうもん》先の部族のリーダーからと、ブラジル国内のＮＧＯからの招待状、病気を持ちこんではいけないので健康診断《しんだん》書や黄熱《おうねつ》病《びょう》のワクチン接種証明のコピー、それからパスポートと日本での正式なＮＰＯ法人であることの証明書などをＦＵＮＡＩに提出して正式な許可証

アマゾンへの渡航に必要な書類の一部。写真には、インディオのリーダーたちのサイン入りの許可証、団体の実績報告書、健康診断書などが写っている。

を発行してもらいます。とくに現在はかなり厳しく、外部からの訪問者をチェックしています。

先住民保護区はいってみれば治外法権のようで、保護区内での資源《しげん》の責任、使用決定権は先住民にありますが、土地の所有権は国がもっています。FUNAIが発行した許可証を取得していなければ不法侵入者とみなされ、たとえインディオに殺されても文句は言えません。

先住民をめぐる状況《じょうきょう》は、ブラジルの政権によって大きく変わります。15年ほど前、カヤポ族が住んでいるシングー川下流に世界で3番目に大きな水力発電ダムの建設がはじまりました。森を壊し、川の流れを無理やり変え、その流域にくらすインディオのみならず貧しいブラジル人の生活もおびやかされました。この影響《えいきょう》で魚も含《ふく》めたたくさんの野生生物も死にました。

政府からカヤポ族には、なんの相談も説明もなく工事がは

ラオーニ(右から２人目)とルーラ大統領(右から４人目)。ラオーニは「インディオはなにか新しいことを決めるとき、７代先までのことを考え判断する」と言う。次世代が生きのびることを真剣に考えて出た答えなのだろう。

じまったとのこと。カヤポ族はラオーニを中心にダム建設反対の意思表示として、現場周辺の道路封《ふう》鎖《さ》の行動を命がけでしました。ちょうど私もこのときにカヤポ族の村にいたので、いっしょに現場に同行したいと言いましたが、現場にはピストレイロとよばれる殺し屋が１００人いるので、命の保証ができないからダメだと断られました。悲しいことに、現在このベロモンチ水力発電ダムは稼《か》働《どう》しています。

２０２３年、ルイス・イナシオ・ルーラ・ダ・シルバ大統領が再び選ばれ、新しい政府はそれ以前のボルソナーロ大統領の熱帯林を壊し開発を進めてきた政《せい》策《さく》を取りやめ、森を守ってきた先住民の人権を認《みと》める取り組みを開始しました。新たに「先住民省」を設け、大臣にインディオ女性のソニア・グアジャラを任命しました。アマゾンの自然や先住民のくらしを守る活動が、やっと健全に機能する体制になったことに期待しつつ、これからも先住民の権利がブラジル社会でどこまで反映されるかを見守っていきたいです。

## ◆文字を学びはじめたインディオたち

インディオ保護区内では、基本的に自給自足の生活で独自の文化、習慣を守り続け、次の世代に伝えています。しかし時代とともに、ブラジル社会との交流がはじまり、洋服を着るようになったり、コーヒーなどブラジル社会の食べ物を村に持ちこんだりといろいろ変化してきました。そして、あと数年もするとお金が流通する社会に必ずなります。

1990年代、カヤポ族の保護区に接しているところに金の採掘場があり、その金鉱は個人のお金持ちが所有していて、労働力としてカヤポ族の若者たちがだまされて連れていかれるという事件が起こりました。金鉱に連れていかれた数人の若者たちは、酒場と売春宿しかない地図にもない町で飲酒の習慣をおぼえ、エイズに感染《かんせん》して村へ帰ってきたとい

カヤポ族の女の子を対象とした、インディオの教師による授業（2000 年ごろ）。

う悲しいできごとがありました。この一件は、カヤポ族の社会で深刻《しんこく》な問題となりました。

リーダーのメガロンは、この事件はカヤポ族の若者がポルトガル語（ブラジルの公用語）が理解できないことや、ブラジル社会の情報をまったく知らないことから起きたことと考え、村の子どもを数人選んで近くの町にある白人の学校で学ばせました。しかしキリスト教を無理やり押しつけられたり、白人の子どもたちに差別され、いじめられたりして、この試みは失敗しました。

こうした経験からカヤポの人びとは、ポルトガル語や外の世界のことを教える学校を村の中に作ることを考えました。私も学校作りに協力を求められ、１９９４年にカヤポ族の６つの集落に学校を作る支援をしました。学校といっても、寺子屋のような簡単な建物で、ＦＵＮＡＩの協力のもと、ブラジル人の先生を村によんでポルトガル語の授業を開始しました。

識字教育は数年間進められ、いずれは先住民だけで学校運営がおこなわれるように、先住民の教師を育てるプログラムに発展《はってん》しました。そして現在、カヤポ族の学校は教師も全員先住民、インディオが主体性をもって進めています。２００３年には、日本の外務省の草の根支援資金でカヤポ族の公の拠点《きょてん》であるピアラスというところに、コンピュータや授業に必要なさまざまな教材、設備が整った学校が建てられています。

地元で生まれ育った13歳のベップトックは、「この森でのくらしは最高だと思ってる。でも、もっとちがった世界が外にあることを知ったんだ。最初に小型飛行機のセスナ機が村に降り立ったときはおどろいた!! だってあんな金属のかたまりが空を飛ぶんだよ。ここにはない物が外にあるって知ったんだ」と未知の世界に遭遇《そうぐう》したおどろきを話し、外の世界に興味がわいて、もっとたくさんのことを知りたいという衝動《しょうどう》を抑《おさ》えることができない思いを率直に明かしてくれました。

「カヤポ語だけでなくて、ポルトガル語を自由に話したいし、日本語もおぼえたい。いろんな外の世界を見てみたいんだ。でも外の世界では『お金』をかせがなくちゃ、生きていくのが難しいと聞いている。だから、ぼくはたくさん勉強して、いい仕事を見つけたいんだ。村ではお金をかせがなくても生きていける。それはいいことだと思うけど、一生ここでくらしていくかどうかは、まだわからないかな」

文明社会にふれた若者の中に、あこがれと迷いが芽生えているのだと感じました。

## ◆インディオとして生きる難しさ

イアラピチ族の偉大な族長だったアリタナは、先住民の伝統的なくらしを守りたいという決意を語ってくれました。

「シングーには本当にすばらしい自然が残っている。自分はかなり昔から、ブラジル人とどうしたらよい関係をもっていけるかを考えていた。人によっては白人を信用しすぎると言って非難する者もいたが、本当だったら外の情報や動きと関係なく、この地域だけで平和にくらしたいと思っていた。しかし外からの文明の波は大きな渦《うず》となって突然押し寄せてきたのさ。

中央で話しているのがイアラピチ族の族長だったアリタナ。

私はそれにどう立ちむかうか考えた末、まず拒絶《きょぜつ》するのでなく受け入れることを優先《ゆうせん》してみようかなと。ブラジル人にインディオの文化や営みを理解してもらい協力することを約束したこともある。白人であるブラジル人が全部悪い人じゃない。中には本気でインディオ側に立って、いっしょにインディオがどうやったら生き残っていけるか考えてくれた人物もいた。

かなりうまくいったときもあったけど、結局お金がなくなってすべてが難しくなった。インディオがこのブラジルという国でちゃんとお金をかせげるような制度が確立したらブラジルの社会でそれなりの生活もできるかもしれない。でも今は、町へ出てもインディオが職につくことは政府の仕事以外、ほとんどない。

イアラピチの若者も興味本位であこがれて一番近い町、カナラナに行くけど、お金を持っていないし、職も見つからない。挙げ句の果てに、悪い人の手下になって法律に違反《いはん》するような危険《きけん》なドラッグを売る仕事を手伝ったり、アルコール中毒でもう普通のくらしができなくなったりしたのを見てきた。とても悲しいできごとだ。

自分たちの子どもはブラジル人と対等の立場で生きていけるように考えて、私の長男はブラジリアの大学に入れた。ブラジルの社会を知って、インディオはどう生きていくかを考える機会になったらいいと思う。たくさんの失敗もしたけど、その失敗から多くのことも学び、今がある。次の世代がブラジル社会で馬鹿にされずに生きていき、そしてここの自然が残るようがんばるよ」

このアリタナの話にある、ブラジル社会の中に巻《ま》きこまれていく先住民の悲劇《ひげき》はほとんど報告されることはありませんでした。人格者だったアリタナはブラジル政府にも影響力をもち、政府の担当者もことあるごとに彼の意見を聞いて先住民の政策を進めていました。私もアリタナとは30年以上の付き合いがありましたが、とても残念なことに2020年、新型コロナウイルスに感染して60歳くらいであの世へと旅立っていきました。

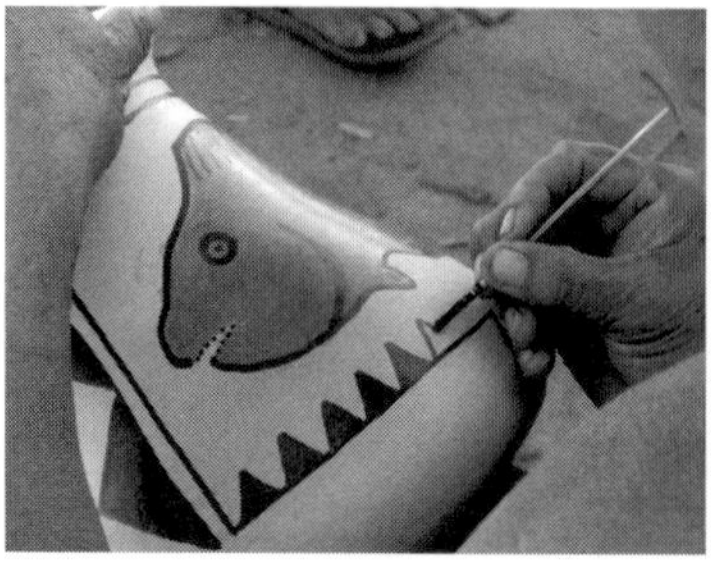

右写真に写るのがアナテイハの父のピラクマ。土器に色つけをしているところ。

左ページは、インディオの女性たちが集まったシングー女性会議の様子。

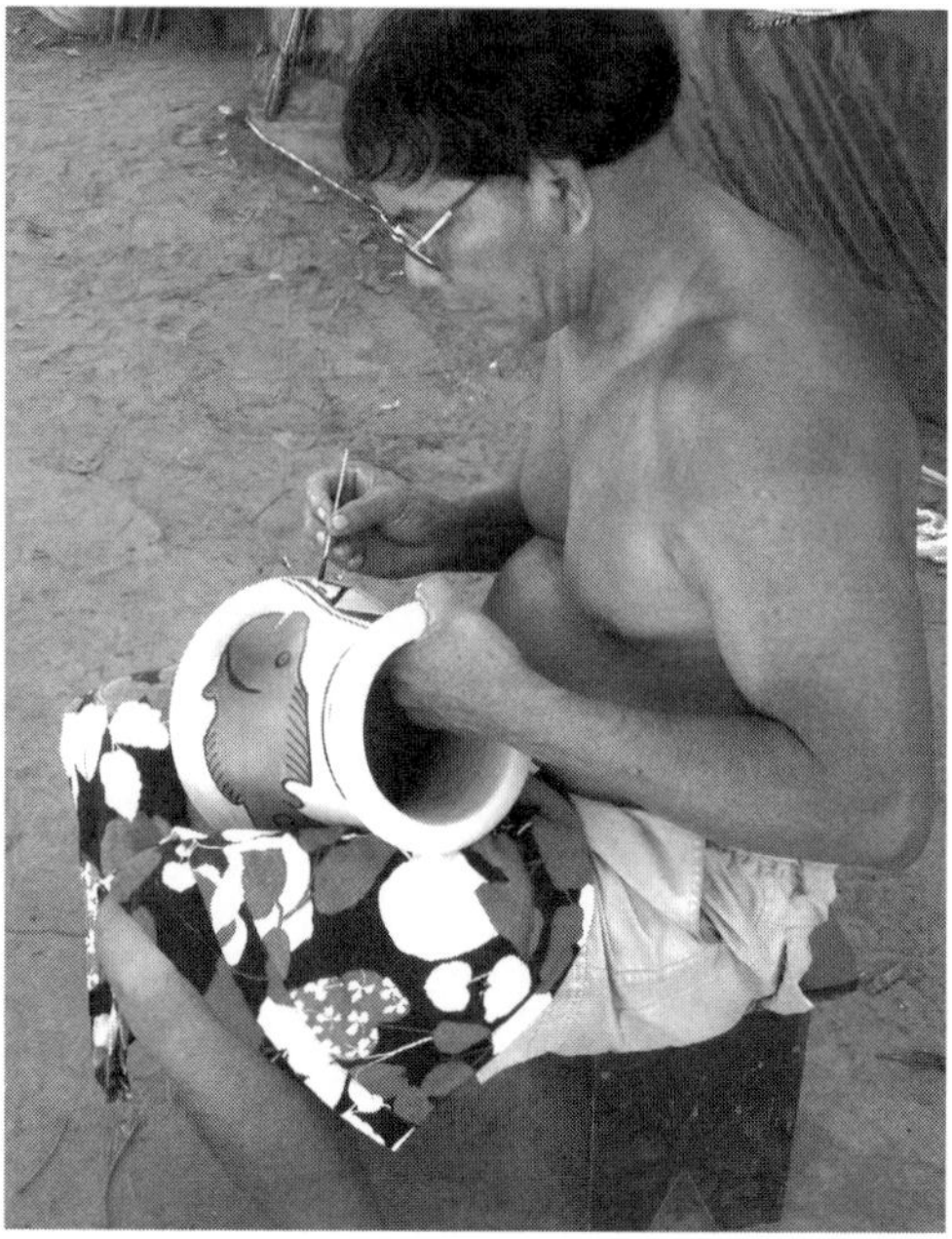

## ◆アナテイハという女性

アナテイハはイアラピチ族の女性で、4年前に会ったときは40歳ほどでした。彼女の父親は偉大《いだい》なる族長アリタナの弟でピラクマといい、とても賢《かしこ》い人で伝統文化を守るために独自の言葉を残したいと言っていました。母親のヤムニは土器作りの達人で、この部族の間だけでなくブラジル社会でも彼女の作った土器は高い評価を得ていました。お姉さんのワタタカルはブラジル社会と先住民族をつなぐことの大切さを知っていて、アマゾンの先住民族の女性グループを作り、偉大なるシングー地域の女性リーダーだと言っていました。

アナテイハ自身、子どものころから両親にたくさんのことを教えてもらい、アマゾンの先住民の代表、女性の代表の１人という自覚をもって行動していると話していました。

「これからの時代はブラジル社会にインディオがどう関わっていくかが問題で、それも女性が話し行動する役割《やくわり》が大きいでしょう。インディオ社会も、まだ男性が優位《ゆうい》で、女の人の声がなかなか外に届《とど》かない。シングーでも女性だけを集め、いろいろな決めごとを考えていく集会を何回も開催《かいさい》してきました。

女性が自覚しないといけない。ブラジル社会にはインディオ女性の国会議員もいるけど、もっと国会に送ってインディオの権利などを認《みと》める法律《ほうりつ》を作らないとね」と語ります。

アナテイハは、近い将来、イアラピチ族の村にお金が流通することを見越《みこ》して、女性たちが伝統的な工芸品を製造販売《はんばい》するシステムを計画していると話していました。イアラピチ族の伝統文化を次の世代に伝えていくことと同時に、ブラジル人などを対象に伝統工芸の体験イベントや熱帯林探索《たんさく》ツアーなどを開き、外の社会とのコミュニケーションを試みています。ジャングルツアーは好評で、アマゾン先住民の現状を理解する機会にもなっているそうです。持ち前の企画力を行動で表すアナテイハの姿を見て、アマゾンの先住民の女性たちにも新しい動きが現れていることを実感しました。

村に泊《と》まったある夜、アナテイハと2人の女性が、夜、川に釣《つ》りに行くと言い出しました。私は「ヒョウが出るからやめなよ」と止めると、3人は笑って、「そしたらこのモリで一撃《いちげき》でしとめるよ」と言い残して、真っ暗なジャングルの中に入っていきました。帰ってきたのは翌朝でしたが、数えきれないほど魚を捕って笑顔でもどってきました。町で長くくらしていてもインディオとしての勘《かん》とエネルギーを失わず、たくましさとカッコよさにしびれてしまいました。

2017年のアマゾン滞在《たいざい》では、ピアラス近くで発生した山火事に出くわした。

## ◆インディオの若者による消防団が森を守る

私たちが現在、支援している事業は2つあって、その一つが「消防団事業」です。毎年、乾季《かんき》（4〜9月ころ）になると、必ず森の火災が起こります。世界的な気候変動の影響もありますが、それだけが原因でなく、ここ数年、ものすごいスピードで森を壊《こわ》し、開発という名のもとに牧場や大豆畑、巨大な水力発電ダム、鉱物採掘場などにジャングルが様変わりしていきました。

数年前までは、乾季でも熱帯林の奥へ入れば、ジメジメしてムーと暑く地面に落ちている葉っぱもさわると湿《しめ》っていましたが、今や葉っぱはカサカサパリパリで、森の中でも湿度が低いことがわかります。昼間は

火災現場に向かい、消火活動をおこなう消防団。

50℃近くまで気温が上がり、夜は10℃くらいまで下がり、湿度が10%以下ですので、汗《あせ》はたちどころに蒸発《じょうはつ》してしまい、過酷《かこく》な環境下で、肌《はだ》はミイラのようにシワシワになってしまいます。

雨季にも従来の雨量が望めず、ジャングルの高温と乾燥《かんそう》化に歯止めがきかなくなり、川は干上《ひあ》がり、ワニや魚が住みかを失い死んでしまうという、深刻な事態が起こっているところもあります。このままいくと、アマゾンの森が砂漠《さばく》化してしまう可能性があり、とても心配です。

シングー地域でも、先住民保護区ととなり合わせにある牧場から火が出たり、この地域に生息する珍しい動物を密猟《みつりょう》しにきた不法侵入者が野宿した火の不始末だったり、乾燥のあまり自然発火が起こったりと出火の原因はさまざまですが、いったん火災が発生すると、森はたちまち火の海と化します。

2015年、熱帯林を残すには、森にくらす先住民自身

使命感にあふれる消防団のメンバーたち。日ごろから監視活動をおこない予防活動にも取り組む。

が行動を起こさなければいけないと考えたカヤポ族のリーダー、メガロンがインディオによる消防《しょうぼう》団事業の資金支援の協力を私に頼《たの》んできました。

カヤポ族とジュルーナ族の若者約30人で組織した消防士たちに、マトグロッソ州の軍消防署《しょ》からブラジル人の専門《せんもん》家を招いて、火災の消火と防火の特別講習会を開き、森林火災の実地訓練や負傷者の対応、道具の使い方などを教えました。

現在消防団事業をおこなっているのは、2つの部族14集落の周辺で、63万5000ヘクタール（東京都の3倍の面積）が対象です。

「自分たちがこの森を守る！　それは酸素を作っている地球を守ることでもあるから」

そう語るのは消防活動に取り組む若者たちです。主体性をもち、火災が発生すると、大火になる前に、速やかに現場にかけつけ命がけで消火活動をおこなっています。火災が起

カラパロ族の村の近くにあるハチの巣箱。

こっても大きな被害《ひがい》が出ていないことを、ブラジル政府も高く評価しています。また毎年、消防士を希望する若者が増えて熱帯林を火から守る、この取り組みの重要性が広がってきていることは、森が残るという、未来に少し希望がもてそうな気がしました。

## ◆経済自立に向けてハチを飼う

「消防団」事業のほかに、ハチミツをとる「養蜂《ようほう》事業」にも力を入れています。今は村の中でお金のやりとりはありませんが、この先数年で望まなくても、シングー地域に、お金のシステムが入っていきます。

貨幣《かへい》制度の波にのみこまれないようにするた

養蜂に取り組むカラパロ族のメンバーたち。

めには、なだらかに、自立した経済体制を作っておく必要がありました。その方法を探し求めた結果、養蜂事業にたどりつきました。昔からインディオの人はハチミツを食べていましたが、蜜《みつ》をとってハチの巣を捨てていました。

ハチがどの植物から蜜をとってくるかによって、ハチミツの味はさまざまです。氷河期にも緑が残り、地球上でここにしか生息しない植物群がたくさんあるアマゾンでは、オーガニックでオリジナリティのある貴重《きちょう》なハチミツを生産できます。

ブラジル人の専門家に協力してもらい現地を視察してシングー川上流域の5部族（イアラピチ族、マチプ族、カラパロ族、クイクル族、カマユラ族）を対象として10年ほど前から、養蜂の具体的な技術指導をはじめました。ブラジル社会にハチミツを出荷するには、ブラジル政府が定めた、さまざまな厳《きび》しい基準をクリアしなくてはならないので、技術指導のみならず、コンピュータを使った細やかな講習も養蜂士を対象に実施《じっし》しています。

近年ハチミツの採取量も安定してきて、２０２３年からは外部に市場と流通経路も整い、サンパウロの高級スーパーに製品としてインディオたちの作ったハチミツがならぶ日が近づいています。養蜂士には、男性のみならず女性も加わりたいと手を挙げて、今や30人近くがこの事業にたずさわっています。

森を壊すことなく、ハチの受粉で広範囲《はんい》にそれぞれの植物が育ち、加えて自然の恵みに感謝しながら、現地の人たちの経済的自立が期待できるこの事業は、結果的に熱帯林の再生と活性化に、大きく貢献《こうけん》するものだと現地のインディオの人たちから喜ばれています。

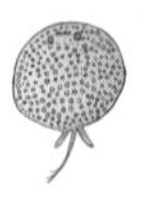

第6章

# 地球を守るために
# アマゾンの森の声を聞いて

先住民保護区に残る豊かな自然。

## ◆アマゾンの森から見えるブラジル社会の現状

１９８９年、カヤポ族の長老ラオーニとアマゾンを守るなかまになることを約束しましたが、じつは具体的な行動はなにも考えられませんでした。日本から２万キロも離《はな》れたアマゾンの、先住民や熱帯林を助ける仕事をするといっても、私に一体なにができるの？　と戸惑《とまど》いがあったからです。当時、私は、恥《は》ずかしいことかもしれませんが、アマゾンはアフリカ大陸にあると思っていたくらい無知でした。なにをするべきかは現地に行って、肌《はだ》で感じることが一番大切だと思い、１９９２年、ブラジルのリオ・デ・ジャネイロで「リオ・サミット（国連地球環境《かんきょう》サミット）」が開催《かいさい》された年にブラジルには

先住民保護区のすぐそばに広がる大規模伐採後の土地。

じめて行きました。

この会議は世界中での環境に対する意識の高まりを反映して、以前にはなかった地球環境保護や持続可能な開発についての考え方を世界中で共有し、画期的なスタートになりました。しかし、このとき、各国が取り交わした条約は30年たった現在でも足なみがそろわず、改善《かいぜん》されることなく、気候変動の影響《えいきょう》で、世界中で起こっている異変《いへん》は、悲しいことではありますが、悪化するばかりです。

ブラジルでも、アマゾンの森は減少の一途《いっと》をたどっています。食料や家畜《かちく》のえさにするための大豆やトウモロコシの大規模栽培《きぼさいばい》のために、熱帯林が伐採《ばっさい》され広大な農地や牧場が作られているのです。

収穫《しゅうかく》された農産物は、世界的な流通業者である穀物《こくもつ》メジャーの手によって海外へと運ばれていきます。熱帯林が壊される一方で、農場や牧場を経営する大土地所有者と世界的な流通業者である穀物メジャーなどの商社は、どちらも莫大《ばくだい》な利益を上げています。本来は全体の20％を農地として使用してよい、という法律《ほうりつ》があるにもかかわらず、この規則を守っている農場主は皆無《かいむ》に等しく、土地管理のずさんさが目立ちます。

ブラジル政府はそのときの政権によって、アマゾンの熱帯林の対応認識《にんしき》が異《こと》なり、経済を優先《ゆうせん》し、森を守ることが後回しになるケースが多々あることが残念です。ブラジルの経済を動かしている人間は、全体の４％だけのお金持ちなので、貧富の格差が大きくこの問題を解決する必要があります。

## ◆アマゾンの鉱物資源《しげん》と開発

アマゾンの森を食いつぶしているのは、食料生産の問題だけではありません。アマゾンには鉱物資源が豊富に眠《ねむ》っています。

例えば日本にたくさん置かれている飲料用の自動販売《はんばい》機、そこにならぶ飲み物の容器である缶《かん》の原料はアルミだったり鉄だったりします。日本は今や鉱物資源の採掘《さいくつ》はほとんどおこなわれていないので、他国からの輸入に頼《たよ》っています。

アマゾンの地表の奥《おく》深くには、アルミの原料であるボーキサイトがあります。まず表面にある熱帯林をはがし、ボーキサイトを採掘します。ボーキサイトからアルミにするためには大量のエネルギーが必要なので、川をせき止め水力発電ダムを造りました。この森を住みかとしていた動物や、群生していた植物や先住民を追い出して完成したダムの電力でアルミを精製し、日本をはじめとした先進国へとアルミは輸出されていきます。こうして私たち日本人は缶ジュースなどでのどをうるおすことができますが、私はこんなにたくさんの犠牲《ぎせい》の上に成り立っている缶製品を手にしたくはありません。リサイクルがすべてを解決するように世の中では言われていますが、リサイクルだってその過程で劇薬《げきやく》を使い、海に流すなど、それなりの問題は残ります。

もう一つの深刻《しんこく》な問題は金の採掘です。ブラジルではだれでも金を掘《ほ》ることを許可しています。お金持ちと貧乏な人との差がすごく大きい国なので、たくさんの金を取って金持ちになることを夢見る人たちが金採掘場に集まってきます。金を簡単《かんたん》に取る方法として水銀を使います。水銀に金がくっついてくるからです。金を1グラム取るのに水銀は3グラムくらい必要です。金についた水銀をガスバーナーで飛ばし空中にまき散らし、そして残

ジャングルをけずって作られた金の採掘場。

りは川へ流し、それを魚が食べ、その近くでくらしている先住民たちはその魚を食べ、結果、水銀中毒になってしまいました。日本でも大問題になった「水俣病《みなまたびょう》」と同じことが、ここアマゾンでも起こっているのです。現在でも金とまったく関係のないくらしをしている人たちが、水銀汚染《おせん》の被害を受け、でも金の採掘は続いています。

長老ラオーニは言います。「人間は大地の上だけの物で生きていける。絶対に地面を掘ってはいけない。そうしたら巨大な怪物《かいぶつ》が地中から目覚め大きな悲劇がはじまるだろう」と。

たしかに原子力発電所のウランも、自動車を動かす石油、そして石炭。今や半導体の原料となるもの、すべて地下資源の恩恵《おんけい》を私たちは受けてくらしています。しかし、便利さと引き換《か》えに、とりかえしのつかないできごとも起きているのではないかと私は思います。

## ◆アマゾンの熱帯林は「地球の肺《はい》」

今、世界中で気候変動が大きな問題になっています。気候変動というのは、数十年の期間で、平均的な大気の状態が移り変わり、それに影響されて気候が変わるという意味です。気候の変動があまりにも激しいと、世界中でさまざまな気象の問題が起こります。なぜそうなるかは2通りの原因があります。

1つ目は自然の要因です。地球は生きているので、長い地球の歴史においてエネルギーバランスの変化による温暖《おんだん》化や寒冷化をくり返してきました。2つ目は人間の都合で、自然のサイクルを無視して、経済を優先に進めた結果として起こった現象です。

1800年代以降《いこう》、人類が消費した化石燃料（石炭、石油、ガスなど）の燃焼で、二酸化炭素（$CO_2$）などの温室効果ガスが発生し、地球をこのガスがベールのように包んで、太陽の熱を閉じこめ、気温が上昇《じょうしょう》して温暖化を引き起こしています。

アマゾンの熱帯林は地球規模の大気と水の循環《じゅんかん》を支え、この森が二酸化炭素を吸収《きゅうしゅう》し、酸素を供給《きょうきゅう》する役割《やくわり》を果たし「地球の肺」とよばれています。しかしこの熱帯林が現在、猛烈《もうれつ》なスピードで壊《こわ》され、跡地《あとち》は大豆畑や牧場、巨大水力ダム、鉱物採掘場などになっています。熱帯林はたくさんの生物の複雑な生態系《けい》バランスで成り立っているので、一度破《は》壊《かい》してしまうと、二度と同じ状態にはなりません。緑がうっそうとしているジャングルの熱帯林の土壌《どじょう》は、決して肥えているわけではなく、その表土3センチを作るのに100年かかるといいます。目先の欲で森を消失させたら、いずれは砂漠《さばく》になってしまいます。そしてすでにその現象は急激《きゅうげき》な、森の高温化と乾燥《かんそう》化という形で進んでいます。

日本でも、連日暑すぎる日が続いたり、海水の温度上昇が原因で大型台風が多発、集中豪雨《ごうう》や豪雪《ごうせつ》に見舞《みま》われたり、洪水、竜巻なども起こっています。また地殻や海洋の変動によって、火山の噴火《ふんか》や地震《じしん》が続いたり津波も発生しています。

30年近く前のこと、あるときメイナク族の呪術師《じゅじゅつし》ムナインが私にこう尋《たず》ねてきました。

「お前たちの世界にはふしぎな箱があり、そこからここ以外のことが映《うつ》り見えると聞く。その箱をぜひくれないか」

とっさになんのことかわからず、いろいろ考えた末にテレビではないかと思いました。

中央に写るヒョウの皮のぼうしをかぶっているのがムナイン。

電気もないのになぜそんな物がほしいのだろうと聞き返すと、

「いずれこの星にいる3分の2の人間は滅《ほろ》びる。わしらは森があるから生きのびるが、お前たちのような自然を壊し、大きな建物を作り、好き放題している人間は死ぬだろう」

「じゃあ、どういうことが起きるの？」と私が問うと、ムナインはこう答えました。

「水が常にいっぱいだった湖から水がなくなったり、反対に洪水《こうずい》で流されたり、なにより怖《こわ》いことは信じられないほど高い黒い水の壁《かべ》がたくさんの人を飲みこむ様が見える」

このときは馬鹿げた話だと笑って聞き流しましたが、２０１１年3月11日、東日本大震災による津波の映像《えいぞう》を見て、このムナインの言葉を思い出し、背筋《せすじ》が寒くなりました。

## ◆私たちになにができるの？

アマゾンの森は私たちが想像する以上に、この地球という星で大きな役割を果たしています。

氷河期の時代、地球上の生き物がアマゾンに残った緑を求めて逃げてきて、いまだに多くの生き物が森でくらしています。そんな地球でもめったにない特別な地域であるアマゾンは、森を守ってくらす先住民以外の、先進国に住み、物質文明の恩恵を受けている人びとの目先の欲のために、すごいスピードで消滅《しょうめつ》の一途をたどっているのです。熱帯林の消失は、植物が二酸化炭素を吸収する量の減少につながり、アマゾンの森は高温化と乾燥に拍車《はくしゃ》がかかり、砂漠への道へと走りはじめました。まさに今、この問題は地球規模の課題で、ＳＤＧｓ目標13「気候変動の具体的な対策を」として世界的に大きなテーマになっています。

アマゾンの森の破壊と、私たち文明社会でのくらしが、密接《みっせつ》につながっていることをわかってもらえたと思います。人間が引き起こした問題は、その状況《じょうきょう》に気づいたとき、一人ひとりが、小さくても自分にできる具体的な行動を起こし、その状況を知った人が、知らなかった人に伝え広げることが大切だと思います。例えば、缶ジュースを買わないで、お茶をポットに入れて持ち歩くとか、アマゾンから来た安価な大豆食品を買わずに、ちょっと高いかもしれないけど、国産品や地元産を買うことを心がけるとか。

私たちは、自分が使っている身の回りの物がどんなルートで、今手の中にあるのかはあまり考えていないと思います。例えばえんぴつを手にしながら、これがどの木から作られたか、芯《しん》に使われているのはどんな材料か……。なぜなら製品と私たちの間に「お金」というが便利なシステムが入っていて、そのプロセスを知る必要がないからです。それに対してインディオのくらしの中にある物は、ほとんど説明できます。家を建てるときの材料になる木材から、屋根に使うサッペという植物から全部自分たちが集めるので、そのプロセスをわかっています。

こう考えてみてください。足の小指のつめがはがれたら、痛《いた》みは全身におよび、歩くこともできません。体は全部つながっているので、すぐに反応しますよね。君の体も地球も本来は同じです。けれど深刻な問題が起こっていても、問題を国境によって分断し、国ぐにの価値観《かち》によって判断しているので、致命《ちめい》的な状況になるまでウヤムヤになってしまうことが多いのです。結果として、気候変動による大規模な洪水や干《かん》ばつ、新型コロナウイルスのパンデミックのような危機《きき》的状況が起きてしまうわけです。

地球は人間に問います。

「どこへ行くの？　なにを選ぶの？　どう生きるの？」

ふだん川の移動に使うアルミボート。黄色いチョウチョの舞う中で（中央、正面を向いているのが著者）。

## ◆アマゾン支援《しえん》はお金が必要

私が支援しているシングー地域《ちいき》には、電気、ガス、水道そしてトイレもお風呂《ふろ》もありません。バスや大型トラックも、そもそも通れる道がないのでありません。ほとんどの人はジャングルを歩き目的地まで移動します。

川の移動は、丸太をくり抜《ぬ》いて作った手こぎの舟《ふね》や、25馬力という決して大きくはないエンジンを搭載《とうさい》した全長6メートルのアルミボートを使ったりします。最近はときとしてオートバイも使うようになり、またブラジル政府の医療《いりょう》関係者などが車で巡回《じゅんかい》することもあります。

アマゾンに持ちこむ荷物のほとんどは支援物資。

この地域にはスーパーマーケットや銀行もありません。村の中では、まだお金も使われていません。日々の食材は森に豊富にあるので、自分たちでなにからなにまでやらなくてはいけませんが、お金をかせぐ必要がありません。しかし、ここから一歩外へ出たらお金が必要です。近くの町に行ってバスに乗ったら運賃《うんちん》がいるし、おなかが空いてレストランに入って食事をしたらお金をはらいます。

また熱帯林を火から守る消防士たちの道具などは、ブラジル社会の店で買わなければなりません。養蜂《ようほう》事業に使うハチから身を守る防護服も必要です。すべてお金がいることになります。

お金が使われていない地域を守るためにはお金が必要であり、その資金を作らなければならないというモヤモヤした気持ちをいつも抱《かか》えながら支援活動を続けています。日本でも20年くらい前から、日本政府やさまざまな企業が、支援する事業内容を申請《しんせい》し、審査に通れば活動する事業にお金を提供してくれる助成金のシステムができました。この制度で私たちもアマゾンでたくさんのすばらしい活動ができました。それとブラジルに支店をもっている日本企業から、その会社で作っている、例えば車とか船外機とか、また学校で必要な映像《えいぞう》機材やパソコンなど、アマゾンの支援事業で役に立つ機材を寄付してもらいました。

そして一番だいじなことは、私がアマゾンの森を守るこの団体を立ち上げたときに会員や協力者として会費や寄付で支え、助けてくれた人たちです。

30年くらい会員になってくれている人もいます。アマゾンの森を守ることと、そこで森を守っているインディオの人を助けることを自分の問題として、真剣《しんけん》に考えてくれる、たくさんの人たちの応援《おうえん》があってこそ、私たちがこの活動を続けていくことができます。関わってくれたすべての人たちに、感謝し、そして大きな声で「ありがとう」と言いたいです。これからもアマゾンの状況を伝え、より多くの人たちが協力してくれることを信じています。

# 日本のみなさんへ
## ——メガロン・チュカハマエ（カヤポ族のリーダー）

私の仕事は、この地球にとって、アマゾンの自然がいかに大切かを多くの人に伝えることだと思っている。これまで何十年もの長い間、ブラジル社会でインディオのことを考える政府機関のＦＵＮＡＩで先住民のなかまたちのために働いてきた。いろいろな国へ招待され国際会議にも出席した。そしていつもどこでも同じことを言う。「アマゾンの自然を守ることを手助けしてほしい」と。

今のブラジル政府も森を壊《こわ》して農場を作ったり、金を掘《ほ》ったり、ダムを造ったりすることを「開発すること」とよんで力を入れている。さみしいことだが、これが現実。

森が消えたら酸素も作れない。この地球は限りある資源《しげん》でバランスよく保っているのに、そのテンポを早めたら、自然の決まりごとが崩《くず》れてしまう。そのツケは必ず人間に回ってくるというのに。日本だってかつてないほどの大きな台風で洪水《こうずい》になって、たくさんの人が被害《ひがい》にあったりしているだろう。地球全体の気温上昇《じょうしょう》も歯止めがきかない状態。生態系にも影響《えいきょう》が出て、本来接触《せっしょく》がなかったウイルスが猛威《もうい》をふるい、コロナ禍《か》という現象として世界中をかけめぐった。

自然は人類が気づくように発信し続けているのだ。それなのに、多くの人間は目先のことにだけ心をとらわれすべてを判断している。なぜ、人類は滅《ほろ》びる方を選んでしまうのか。

私はジャングルの奥《おく》深いところに、自然とどう正しく向き合っていくかを次の世代に伝えるために拠点《きょてん》を作っている。自給自足で植物を育て、カヤポ族の知恵《ちえ》や伝統文化を若者に伝えることを目的とした場所だ。ここが最後の砦《とりで》となるかもしれない。この場所には、外部からも人が来られるようにしたいと考えている。日本からの若者も歓迎《かんげい》するよ。日本人とは30年以上の付き合いになる。日本にも2度行ったが、たくさんの人が森を守る活動を支えてくれていることに感謝しているよ。

70代も半ばになったけれど、まだまだたくさんやらなければならないことが残っている。私は死ぬその日まで、森を守る責任を果たしていく。顔の作りも似ていて、遠い祖先では兄弟のような間柄《あいだがら》だったかもしれないみなさんが力を貸してくれたらうれしい。

あとがきにかえて

# 〝あるがまま〟のアマゾン文化とともに、これからも

あなたがこの本を手に取ったとき、どんなことを想像し、また期待して読んでくれたでしょうか？　日本から遠く2万キロ離《はな》れたアマゾンの森深いところでくらす人びとが、どんなふうに生きているのかをワクワクしながら読んでくれたら、うれしいです。価値《かち》観やくらしぶりは、あまりにも私たちとはちがうけれど、どこか理解できるところもあったのではないかと思います。それは、先祖が同じアジアのモンゴロイドだからかもしれません。

おどろくことに、言葉も似ているところがあります。水はミス、足はテ、白はアカ、火はアチ、人の名前もヨウコ、ユウタ、ヨウジ、タバタ、マクラ、タカラなどなど。

最初にこの地を訪《おとず》れてから30年以上がたち、このシングー地域《ちいき》をはじめとして、多くの変化がありました。この本には、アマゾンのくらしと日本のくらしの、たくさんのちがいと同じを「ありのまま」に書きました。

はじめて来たとき、シングー地域を取り巻《ま》く場所は緑一面でその境界線も、はっきりしないくらいだったのが、今は保護区の周りは開発によって森がなくなり、赤茶けた大地がこの地域を囲み、まるで「陸の孤島《ことう》」のような存在になってしまいました。ここでくらしている先住民の人たちも最初はみんな裸《はだか》で、いろんな虫がわくので、髪《かみ》の毛以外は全部そっていました。でも今は、おじいさんやおばあさんは別として、ほとんどの人たちが服を着るようになりました。わかりやすく言うと、最初にここを訪れたときは、まるでタイムスリップして、石器時代に迷いこんだようなショックでした。

先住民の人たちは外から来た私たちを警戒《けいかい》していました。だって長い間、外から来たちがう人種の人たちにだまされたり、家族を殺されたりしたからです。まず信じてもらうことからはじめました。なにかお手伝いしたい。例えば無線機が壊《こわ》れて、SOSの助けもよべなくて困《こま》っているという村には無線機を買って持っていくとか。小さいことでも約束は必ず守り、それが一つひとつ積み重なって信じてもらえるようになりました。簡単《かんたん》に写真を撮《と》ることも許されませんでした。35回あきらめずに通い続け、今では親戚《しんせき》のように喜んで迎《むか》えてくれるまでになり、だからこそ、その信頼《しんらい》関係を大切にしています。

そんな大変な思いまでしてなぜこの活動を続けてきたかというと、こんなに不便で、いつもヒョウやワニやヘビと、となり合わせにくらす危険《きけん》な環境《かんきょう》にいるにもかかわらず、私の体と心が喜び、気持ちはすがすがしくいられるのです。

なぜかと考えました。それは、自分がここでは「あるがまま」にいることを受け入れてくれるからです。悲しいときは大泣きして、うれしいときは大笑い。そのままの感情をそのまま出せる。日本にいるときの私も幸せです。でもなにかを気にして、ちょっと自分らしくないと感じるときもあります。私たちの社会は決まりごとが多く、その中での自由があっても、規則にしばられることもあります。これは仕方のないことでしょう。

でも、自然の中でくらしている先住民の人たちは、一人ひとりが生き生きしていて、ここには寝《ね》たきりの人も認知症《にんちしょう》で自分のことがわからなくなる人もいません。殺人やいじめもなく、ノイローゼや心の病気を患《わずら》う人や、自ら命を絶つ人もいません。多くの発展《はってん》を望まず、自然の流れに従《したが》って生きている人たち。現在、私たちの社会で問題になって、ニュースでも伝えられている解決できない暗く悲しいできごとを希望という出口に導いてくれるカギが、アマゾンのインディオ社会にあるような気が私はします。

私は、まだまだ先住民を「理解」しているなんて決して言えません。そして彼らも私の言っていることがわからないときだってあります。でもこの地球という星において、アマゾンのジャングルが特別に大切なところで、ここが世界中の酸素を生産しているという事実は、アマゾンの人にとっても私たちにとっても変わりません。アマゾンの森を守ることは、インディオのくらしを守り、同時に私たちの次世代の命を守ることにもつながります。

メガロンも「この本を読んだみなさんが、アマゾンの自然と先住民の文化を守るなかまになってくれるとうれしい」と語っています。私はこれからも、森を守る支援《しえん》活動を続けていきます。

●著者

## 南　研子

特定非営利活動法人 熱帯森林保護団体 代表
（RFJ：Rainforest Foundation Japan）

女子美術大学油絵科卒業。大学卒業後、NHK「ひょっこりひょうたん島」などの番組で美術制作を担当。1989年、知人の米国人から「歌手のスティングが来てアマゾンの熱帯雨林の危機を訴える活動をするから手伝わないか」と誘われ、スティングと同行して来日したアマゾンの先住民のリーダー、ラオーニと出会う。同年、熱帯森林保護団体を設立。
1992年、「国連地球環境サミット」（リオのサミット）に参加。はじめてブラジルへ行き、シングーを訪問。2008年8月にNPO法人格を取得。これまで2000日以上、アマゾンの先住民とともにくらしている。遺伝子資源の宝庫ともよばれる熱帯森の破壊に抵抗する先住民自身の闘いや、貴重な森林生態系と伝統文化を守っていく取り組みを支援している。著書に『アマゾン、インディオからの伝言』『アマゾン、森の精霊からの声』（2000年、2006年、いずれもほんの木）。2014年1月に毎日新聞「地球未来賞」を受賞。

●挿絵

## カマラ・クイクル

クイクル族

絵を描くのがじょうずで、たくさんの作品を生み出してきた。絵を描く力も天からのエネルギーを受け取るものであり、絵を描くときは、周りのことには目もくれず作品作りに集中した。今は天からの力がなくなり、絵は描けなくなったそう。

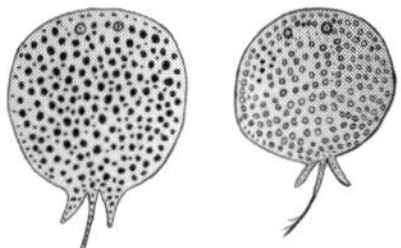

装　　丁：石井勇一
章トビラ挿絵：松田シード
編集協力：岡田直子、澤田志乃、松田あい、松田ナオミ
組　　版：酒井広美
P.123 写真：DPA ／共同通信イメージズ
著者近影：下屋敷和文

**アマゾンのふしぎな森へようこそ！**
**先住民の声に耳をすませば**

2023 年 9 月 25 日　第 1 刷発行
2024 年 7 月 25 日　第 2 刷発行

著　者　南　研子
発行者　坂上美樹
発行所　合同出版株式会社
東京都小金井市関野町 1-6-10
郵便番号　184-0001
電話　042-401-2930
https://www.godo-shuppan.co.jp
振替　00180-9-65422
印刷・製本　株式会社シナノ

■刊行図書リストを無料送呈いたします。
■落丁乱丁の際はお取り換えいたします。



ISBN978-4-7726-1542-6 NDC380 216 × 151